KB167702

뇌를 위한
최소한의 습관
The Brain Mechanic

뇌를 위한 최소한의 습관

초판 1쇄 발행 2024년 5월 6일

지은이 피터 홀린스 / 옮긴이 김희정

펴낸이 조기흠
총괄 이수동 / 책임편집 전세정 / 기획편집 박의성, 최진, 유지윤, 이지은, 김혜성, 박소현
마케팅 박태규, 홍태형, 임은희, 김예인, 김선영 / 제작 박성우, 김정우
디자인 박정현

펴낸곳 한빛비즈(주) / 주소 서울시 서대문구 연희로2길 62 4층
전화 02-325-5506 / 팩스 02-326-1566
등록 2008년 1월 14일 제 25100-2017-000062호

ISBN 979-11-5784-738-9 03180

이 책에 대한 의견이나 오탈자 및 잘못된 내용은 출판사 홈페이지나 아래 이메일로 알려주십시오.
파본은 구매처에서 교환하실 수 있습니다. 책값은 뒤표지에 표시되어 있습니다.

⌂ hanbitbiz.com ✉ hanbitbiz@hanbit.co.kr facebook.com/hanbitbiz
 post.naver.com/hanbit_biz youtube.com/한빛비즈 instagram.com/hanbitbiz

The Brain Mechanic: How to Optimize Your Brain for Peak Mental Performance, Neurogrowth, and Cognitive Fitness
Copyright © 2022 by Peter Hollins
Korean Translation Copyright © 2024 by Hanbit Biz. Inc.
Korean translation rights arranged with PKCS Mind Inc. through TLL Literary Agency and BC Agency.
All rights reserved.
No part of this publication may be used or reproduced in any form or by any means without written permission except in the case of brief quotations embodied in critical articles or reviews.

이 책의 한국어판 번역권은 BC에이전시를 통한 저작권사와의 독점 계약으로 한빛비즈(주)에 있습니다.
저작권법에 의해 한국 내에서 보호를 받는 저작물이므로 무단전재와 복제를 금합니다.

지금 하지 않으면 할 수 없는 일이 있습니다.
책으로 펴내고 싶은 아이디어나 원고를 메일(**hanbitbiz@hanbit.co.kr**)로 보내주세요.
한빛비즈는 여러분의 소중한 경험과 지식을 기다리고 있습니다.

집중력과 잠재력을 끌어올리는 두뇌 정비 프로젝트

뇌를 위한 최소한의 습관

The Brain Mechanic

피터 홀린스 지음 | 김희정 옮김

HB 한빛비즈
Hanbit Biz, Inc.

차례

뇌를 최적화하는 방법

●

우리는 다리가 부러지면 병원에 가고, 우울증에 걸렸다 싶으면 정신과 진료나 심리상담을 받으러 간다. '나는 누구고 여긴 어디인가' 싶으면 영적 스승이나 라이프코치를 찾아나선다.

우리는 보통 자신을 신체, 정신, 영혼 등으로 분류해서 이야기하기를 좋아하지만, 인간은 이 모든 것이 복잡하게 얽힌 '전체'로 존재한다. 그래서 정신 건강은 신체 건강, 심지어 영적 건강과 분리할 수 없고, 결국 이 모든 것이 그저 '건강' 상태로 귀결된다.

뇌가 없이는 정신도 있을 수 없고, 뇌도 다리, 비장, 면역 체계와 다를 게 없는 몸의 일부다. 아무리 이상이 높고, 아무리 의지가 강하고, 아무리 꿈이 고귀하다 해도, 신체에 문제가 생기면 지적 잠재력을 완전히 발휘할 수 없다.

직관에 반하는 것처럼 들릴지 모르지만 정신 건강뿐 아니라 뇌가 제일 잘하는 일을 더 잘할 수 있도록 하려면 자신이라는 유기체 전체를 돌봐야 한다.

즉, 신체적 건강을 돌보면 뇌에게도 혜택이 돌아간다. 반대의 경우도 마찬가지다. 뇌를 강하고 건강하게 만들면 신체 건강을 유지하는 데도 도움이 된다.

우리는 모든 시스템이 풀가동하기를 기대하면서 자신을 한계까지 밀어붙이고, 쉬지 않고 일하는 것을 최선으로 여기는 경향이 있다. 그러나 그렇게는 일을 지속할 수 없다. 우리가 강철로 만들어져 기름을 쳐야 돌아가는 기계가 아닌 이상 그런 식으로 작동할 수는 없다.

그렇다면 내가 바라는 방향으로 뇌를 정비할 수 있는 방법은 과연 무엇일까? 생각보다 사소하지만 확실한, 다양한 방법들이 있다. 모두 뇌 정비공이 될 준비가 됐다면 지금부터 일상에 적용해보라.

1장.

신경 건강

땀을 흘리면 뇌도 건강해진다

이번 장에서는 정신을 건강하게 만들려면 몸을 어떻게 준비해야 하는지에 관해서만 이야기해보자. 뇌를 써야 하는 활동들은 포함돼 있지 않다. 뇌가 혜택을 보는 것은 부차적 효과다. 이 원리는 책 전체를 관통한다.

다시 한번 강조하고 싶다. 생리학과 신경학에 대한 이해가 깊어질수록 우리의 라이프스타일과 일상적으로 하는 일들에 따라 뇌도 거기에 적응해 기능이 좋아지기도, 나빠지기도 한다는 사실이 명확해지고 있다. 지능을 높인다고 주장하는 두뇌 훈련 프로그램이 뇌 기능을 향상하거나 저하하는 게 아니란 뜻이다.

운동은 모든 것의 기본

신체 건강은 타고나기보다 얼마나 활동을 많이 하는지 혹은 얼마나 운동을 많이 하는지에 따라 결정될 때가 많다. 오히려 좋다. 어차피 우리 중 대다수는 지금보다 운동을 조금 더 할 필요가 있다.

신체와 뇌는 귀찮게 굳이 분리할 필요도 없을 정도로 얽혀 있다. 운동을 하면 인슐린 반응이 좋아지고, 염증이 줄어들고, 유연성과 골밀도가 높아지며, 부상과 질병에 대한 저항력이 강해진다.

여기에 더해, 운동을 하면 엔도르핀이 분비돼 더 행복한 기분이 들고, 자존감과 자신감이 높아지며, 심지어 스트레스와 불안감 증상이 완화된다. 운동이 기억력을 포함한 인지 기능 향상에 좋다는 사실까지, 신체 운동이 뇌에 좋다는 증거는 널리고 널렸다.

그러나 운동의 이점을 이야기할 때 정확히 무슨 운동이 어떻게 두뇌 기능을 돕고, 무슨 운동이 전반적으로 건강한 라이프스타일을 영위하는 데 좋은지 구분하기는 어렵다. 우리가 운동을 할 때 과연 우리 뇌에서는 어떤 일이 벌어질까?

네덜란드 라드바우드 대학에서 주목할 만한 연구 결과가 나왔다. 실험 첫날, 남녀로 이뤄진 실험 참가자들은 기억력 검사를 했다. 그 후 참가자들 중 3분의 1은 바로 운동을, 또 다른 3분의 1은 4시간 후 운동을 했고, 나머지 3분의 1은 전혀 운동을 하지 않았다. 이틀 후 연구진은 참가자들을 다시 소집해 첫 날과 동일한 기억력 검사를 했다. 결과는 어땠을까? 4시간이 지난 다음 운동한 참가자들이 예외 없이 가장 좋은 성적을 보였다. 이로써 운동이 뇌를 안정시키고 기억을 보존하는 데 효과적이라는 추론이 가능해 보였다.

브리티시 컬럼비아 대학에서 진행된 연구에서는 심장을 뛰게 하고 땀샘을 자극하는 유산소 운동이 뇌의 해마 영역을 키운다는 결론을 얻었다. 말할 것도 없이 해마는 학습하고 기억하는 일과 관련 있는 영역이다.

또 다른 연구에서는 가벼운 강도로 신체 활동을 1시간쯤하고 하루 7,500보 이상을 걷는 사람은 권장량에 못 미치는 활동량을 가져도 두뇌의 크기가 평균보다 더 큰 것으로 나타났다. 뇌가 크다는 것은 뇌의 노화를 1~2년 늦출 수 있다는 뜻이자 노화로 인한 자연적 뇌질량 감소율을 낮출 수 있다는 뜻이다.

한 가지 주목할 만한 사실은 중량치기 같은 저항력 운동이나 균형 운동은 동일한 효과를 보이지 않았다는 점이다. 땀을 흘리고 심장 박동수를 높여야만 혜택을 볼 수 있다.

운동과 기억력에 대한 대부분의 연구는 노령층을 대상으로 삼아 인지 능력 감소를 예방하는 방법에 초점이 맞춰져 있다. 그 연구들은 두뇌만큼은 용불용설(생물은 환경이 변하면 그 환경에 적응하기 위해 습성이 변하고, 새로운 습성에 따라 사용하는 기관은 점점 발달하고 사용하지 않는 기관은 점점 퇴화한다는 이론 - 옮긴이)이 잘 들어맞는다는 사실을 보여준다.

2019년, 454명의 노인이 한 연구 실험에 참가했다. 참가자들은 검사를 위해 하루 24시간 동안의 움직임과 신체 활동을 추적할 수 있는 가속도계를 착용했다. 그 결과, 더 많이 움직이는 사람일수록 기억력과 사고력 검사에서 더 높은 점수를 기록했고, 신체 활동이 표준편차 1씩 증가할 때마다 치매 발병률은 무려 31퍼센트씩 낮아졌다. 신체 활동과 인지 기능 사이의 연관성은 참가자의 뇌 질환이나 치매 발병 여부 등을 고려해도 변함이 없었다.

운동은 60세 이하, 심지어 20세 젊은이를 포함한 모든 연령 층에서도 주목할 만한 효과를 보였다. 컬럼비아 대학 야코프 스턴Yaakov Stern 박사 연구팀은 이에 관한 새로운 연구 결과로, 운동이 집행 기능을 향상시킨다고 밝혔다.

집행 기능이란 일상생활을 영위하며 사고하는 기술로, 주의 를 집중해 행동을 제어하고 계획하며 목표를 이루는 능력을 포 함한다. 스턴 박사는 운동이 특정한 뇌 영역의 두께를 물리적 으로 변화시킨다는 사실도 발견했다. (운동이 해마의 크기에 영향 을 준다는 이전 연구와 일맥상통한다.)

스턴 박사는 다양한 연령대의 실험 참가자들을 무작위로 두 팀으로 분류했다. 참가자들은 6개월에 걸쳐 유산소 운동 프로 그램 훈련을 받거나 스트레칭 및 코어 강화 운동 프로그램 훈 련을 받았다. 그리고 모든 참가자가 운동 프로그램을 시작하기 전과 12주, 24주 경과 시점에 집행 기능, 정보 처리 속도, 언어, 주의력, 일화 기억력 등을 포함한 인지 검사를 받았다. 마지막 으로 뇌 구조에 변화가 있는지 식별하기 위해 MRI 스캔도 받 았다.

6개월 뒤, 스턴 박사는 의미 있는 연구 결과를 얻었다. 유산 소 운동을 한 사람들의 집행 기능 점수가 0.5점 향상된 것으로 나타났다. 반면 스트레칭과 코어 강화 운동을 한 사람들의 집행 기능 점수는 0.25점 향상됐다. 나이가 많을수록 두 수치의 차이가 컸다. 40대에는 그 차이가 표준편차 0.28만큼, 60대에는 표준편차 0.596만큼 더 높았다.

연구팀은 "표준편자 0.5 차이는 동일 검사에서 20년의 연령 차이 결과와 맞먹기 때문에 운동을 한 40세는 약 30세, 운동을 한 60세는 약 40세와 같은 집행 기능 성적을 보이는 것이라 해석할 수 있다"고 말했다.

흥미롭게도 연구를 시작할 때와 24주가 지났을 때의 뇌 스캔 결과를 비교해보니, 유산소 운동은 인지 기능과 언어 기능을 담당하는 왼쪽 중간 전두엽 피질 두께에 영향을 미쳤다.

결국 앞서 말한 모든 연구 결과는 우리에게 **움직이고 땀을 흘리라**고 말하고 있다. 우리는 땀이 나고, 숨을 헐떡이고, 심장이 빨리 뛰는 강도로, 휴식이 필요할 정도로 운동을 해야 한다. 그렇게 운동을 함으로써 뇌를 바꿀 수 있다. 간과할 수 없을 정도로 너무도 명확하다.

놀라지 마시라. 아직 뇌의 신경 영양 인자brain-derived neurotrophic factor(이하 BDNF)에 대해서는 언급도 하지 않았다. 운동은 궁극적으로 BDNF를 분비하게 하는 단백질을 생산하는 데 핵심적인 역할을 한다.

BDNF는 기존의 뇌세포를 보존하는 한편 새로운 뇌세포의 성장을 촉진하고, 전체적인 두뇌 성장을 도모해서 뇌 기능과 기억 처리를 돕는 물질로 알려져 있다. 인간의 뇌는 나이가 들면서 작아지지만, BDNF를 만들어내는 운동을 하면 크기를 키울 수 있다는 뜻이다.

BDNF 활동은 높은 수준의 인지, 학습, 회상 등과 연관된 해마, 피질, 기저 전뇌 영역에서 이뤄져, BDNF가 분비되면 장기 기억에 특히 도움이 된다. BDNF는 또 적절한 수면 조절과 (늘 그런 건 아니지만) 과도한 식욕을 억제해서 얼마간의 체중 감소도 나타날 수 있다. 반대로 BDNF가 부족하면 우울증을 초래할 수도 있다. 파킨슨병을 가진 사람들의 뇌를 보면 단백질 수치가 평균보다 낮다.

신경학자 조이스 고메스-오스만Joyce Gomes-Osman은 다양한 뇌 기능과 운동을 연관지어 연구한 논문들을 리뷰했다. 그녀의 목표는 여러 종류의 인지 활동별로 가장 효율적인 운동량을 찾아내는 것이었다. 고메스-오스만은 뇌 기능을 확실하게 촉진하는 '기적의 숫자'는 존재하지 않다고 강조하지만, 노령층의 경우 일주일에 3회, 1시간씩 운동을 하는 사람들이 두뇌 기능과 속도에서 가장 큰 향상을 보였다는 결론을 내렸다.

이 정도면 유산소 운동이 뇌에 큰 혜택을 준다고 확신해도 좋겠다. 하지만, 아주 중요한 정보 한 가지만 더 언급하고 넘어가자.

뇌는 몸의 어느 기관보다 더 많은 산소를 필요로 해서, 몸 전체가 소비하는 산소 중 최대 20퍼센트까지 가져간다. 물도 마찬가지다. 뇌는 70퍼센트가 물로 이뤄져 있다.

운동을 하면 굶주린 뇌가 필요로 하는 것들을 충분히 보낼 수 있다. 그러니 운동을 해서 심혈관계를 향상하고 동맥을 통해 혈액을 더 효율적으로 펌프질할 수 있게 하라. 또한 땀 흘려 운동하고 몸의 수분을 의식해 물을 마시는 데 더 주의를 기울여라.

이쯤에서 한 가지 경고를 하지 않을 수 없다. 바로 너무 '과한' 운동을 하는 경우다.

스트레스에 관해 이야기할 때 언급하겠지만 운동이 너무 과해지면 정신 상태가 오히려 불안정해진다. 몸이 다쳐 불편해진 탓일 수도, 번아웃이 온 탓일 수도 있지만, 어느 쪽이든 신경 건강은 물 건너간 셈이다.

마찬가지로 과도한 운동은 면역 체계를 약화하고 해로운 염증 작용을 일으켜, 운동으로 얻은 잠재적 효과를 모두 상쇄해 버릴 수도 있다. 물론 대부분의 사람에게 이 격언은 유효하다.

건강한 신체에 건강한 정신이 깃든다.

뇌를 굽혔다 펴라

●

지금까지는 몸이 정신에 직접적인 영향을 끼치는 것에 관해 이야기했다. 하지만 이 두 가지가 상승 효과를 내도록 훈련하는 건 어떨까?

지금 바로 요가를 떠올린 사람이 있을지도 모르겠다. 고대 문화에 뿌리를 내린 요가는 몸과 마음, 영혼까지 함께 개발하고 유지하는 것을 목표로 한다. 여기서는 간단한 과학적 증거를 살펴보기만 하고, 가타부타 논란이 될 영역까지 얘기를 끌고 가지는 않겠다.

요가에 진심인 사람에게 요가의 장점을 물으면 달뜬 표정으로 저마다의 지식을 늘어놓느라 침이 마를 줄 모른다. 그러면서도 요가를 하면서 얻는 차분함과 현재에 집중할 수 있는 마음 상태를 손에 꼽는다.

요가는 자기 돌봄의 한 형태다. 자세와 호흡에 집중하고 마음을 깨워 현재의 순간에 정신을 집중하도록 장려하는 일은 뇌 기능에 미묘하면서도 심오한 영향을 끼친다. 또 그 과정에서 몸과 마음의 연결을 강화하고 자아에 대한 더 깊은 이해와 더 나은 자기 관리가 가능하다.

실제로 혼란스럽고 자극적인 세상에서 숨을 깊게 들이마시고, 마음을 다스려 몸과 진정한 의미의 혼연일체가 되는 경험을 하는 사람들이 많다. 요가 수련자들은 이때 좋은 '느낌'이 든다고 한다. 이 부분은 나중에 다시 언급할 예정이다.

요가가 우리의 기분과 웰빙, 전반적인 육체적 건강에 미치는 영향에 관해서는 지난 수십 년에 걸쳐 광범위하고 철저한 연구가 이뤄져왔다. 최근 들어서는 요가 매트를 꺼내고 다운독 자세 등을 취하는 활동이 인지 능력에도 주목할 만한 효과를 가져온다는 과학적 사실들이 속속 증명되고 있다.

가장 중요한 과학적 사실 중 하나는 요가가 뇌의 노화를 예방하는 데 탁월하다는 점이다. 매주 참여하는 요가 수업이 됐든, 더 열성적인 장기적 수행이 됐든, 요가는 다양한 방식으로 두뇌 건강에 좋다. 오랜 기간 동안 꾸준히 요가를 한 사람들의 뇌를 들여다본 과학자들은 그들의 뇌가 요가를 한 번도 하지 않은 사람들의 뇌와 눈에 띄게 다르다는 사실을 발견했다.

2005년, 하버드 의과대학 부교수이자 정신의학자 세라 라자

르Sara Lazar가 이끄는 연구팀은 명상이 대뇌 피질이 얇아지는 현상을 줄인다는 결론을 내렸다.

대뇌 피질이 얇아지는 현상은 알츠하이머나 파킨슨병과 같은 노화와 퇴행성 질환과 밀접한 관계가 있다. 특히 전전두엽 피질은 복합적 의사 결정, 집행 기능, 충동 조절, 감정 제어 등과 관련 있는 부위다. 이 영역이 더 큰 사람들은 인지적 활동에서 실수하는 횟수가 적다.

그래서 요가를 통해 전전두엽피질을 두껍게 유지해 정보 처리에 필요한 회백질을 충분히 가지게 된 수련자들은 퇴행성 뇌질환을 예방할 수 있으며, 요가를 하지 않은 사람들보다 더 나은 인지 능력을 더 오래 유지할 수 있다는 것이다.

물론 요가를 하지 않는 사람들보다 요가를 하는 사람들이 무조건 더 영리하다고 말하기는 어렵다. 단, 라자르의 연구를 토대로 한다면 노후에는 요가 수련자들이 더 총명한 뇌를 유지할 수 있다고는 볼 수 있겠다.

2015년, 신경과학자 샹탈 빌레무어Chantal Villemure 연구팀은 장기간 요가를 수련한 사람들(최근 3년간 일주일에 3~4회, 45분 이상 요가를 한 사람들)에게서 퇴행성 뇌 질환 예방 효과가 나타났음을 밝혀냈다. 무엇보다 요가를 한 사람들은 전전두엽피질이 두꺼워 회백질이 많고, 감정, 기억, 스트레스 조절에 관여하는 대뇌 변연계가 다른 사람들보다 더 컸다.

이와 비슷한 다른 연구 결과도 다수 나와 있다. 특히 요가를 자주 하면 노화로부터 해마 영역을 보호할 수 있다. 해마는 우리가 감정적으로 세상을 이해하는 데 중요한 영역이 아닌가!

해마 영역이 건강하다는 것은 일상에서 전반적으로 좋은 기분을 유지하고 정신 질환을 예방할 수 있다는 의미다. 심지어 기억력 감소 문제도 예방할 수 있다.

한편 중증 우울증이나 PTSD와 같은 심각한 정신 질환을 앓는 사람들은 해마 영역이 축소돼 있는 경우가 많았다. 신체 건강이 곧 정신 건강이라는 것을 증명하기에 이보다 더 좋은 증거는 없다.

물론 이와 같은 연구들은 현재 진행형이라 지금까지 나온 결과는 가감해서 들어야 한다. 표본 집단이 작고, 횡단 연구(특정 시점을 기준으로 각기 다른 특성을 가진 집단들 간의 차이를 비교하는 연구 방법-옮긴이)라는 점을 감안하면 좋은 효과가 요가만으로 얻어진 것이라 결론짓기는 힘들다.

어쩌면 회백질이 더 많은 두뇌를 타고난 사람들이 무슨 이유에서든 요가를 선호하는 것일 수도 있다. 어쩌면 사회경제학적 지위, 교육 등 제3의 요인이 있을 수 있다. 이런 요인들도 요가를 하거나 회백질이 더 큰 두뇌를 가질 가능성에 영향을 준다.

결정적으로 우리 뇌에 요가의 어떤 면이 실질적인 영향을 끼치는지도 확실치 않다. 혈액 순환을 돕는 육체적 활동, BDNF, 그에 따른 엔도르핀 분비만으로도 그런 효과를 거둘 수 있는 걸지도 모른다. 아니면 요가라는 평화로운 활동을 하는 동안 누릴 수 있는 정신적 여유 덕분일 수도 있다.

하지만 이렇게 생각해보자. 명확하게 '어떻게'를 알고 있는 마당에 '왜'를 밝히는 데 온 신경을 집중해야 할 필요가 있을까?

앉아서 분석만 하다 보면 아무것도 할 수 없는 마비 상태에 봉착하는 경우가 많다. 가끔은 **생각만 하는 대신 실천에 착수하는 것이 더 유용하다.** 결국 행동이 따르는 마음가짐이야말로 단순히 두뇌 기능을 향상하고 최적화하는 데 그치지 않고 우리가 원하는 온전한 삶을 이루는 열쇠가 아닌가.

앞으로 나올 연구에서 눈여겨봐야 할 점들은 지금까지 언급한 유망한 효과들이 더 광범위한 표본에서도 유효한지, 더 중요하게는 해마 영역의 크기나 회백질 양이 줄어든 사람들이 요가를 통해 상황을 역전시킬 수 있는지 여부일 것이다.

만일 그럴 수 있다면, 미래에는 노화 관련 치료의 방향이 장기적 약 복용보다 요가와 명상에 무게를 더 싣는 쪽으로 변화할 수도 있다. 물론 연구 결과가 확인되기도 전에 일상에 약간의 요가를 포함한다 해서 잃을 건 없다.

어쩌면 요가의 여러 장점 중에 가장 핵심은 정신과 몸의 연결을 강화해준다는 점일 수도 있다.

우리 모두는 시끄러운 방해 요소들과 추상적인 개념, 상징, 언어 등에 둘러싸여 지나치게 뇌를 많이 써야 하는 세상에 살고 있다. 다수가 단조로운 정신적, 지적 노동을 해야 하는 직업을 가지고 있을 확률이 높다. 우리는 날마다 앉은 채 일하고, 운전을 하고, 인터넷 검색을 하고, TV를 보는 것으로 시간을 채운다.

마치 몸이라 부르는 생명 유지 장치에 달린 거대한 두뇌에 불과한 존재처럼 살고 있다 해도 과언이 아닐 것이다. 이런 식으로 수십 년을 살다가 우리 몸이나 감정이 당연히 그래야 한다고 생각했던 방식으로 따라주지 않거나, 병에 걸린 후에야 몸과 감정에 주의를 기울인다.

심각한 병에 걸릴 때처럼 우리가 육체로부터 자유로울 수 없는 존재라는 사실이 확연히 느껴지는 때도 없다. 그런 상황에서는 그동안 통장을 얼마나 불려왔는지 혹은 커리어가 얼마나 눈부시게 성장하고 있는지 따위는 아무 상관이 없다.

분명 우리는 뇌가 군림하는 세상에 살고 있다. 그러나 인지적 자아를 몸에서 분리하면, 오히려 결정을 내리고 문제를 해결하거나 창조적인 일을 해내는 능력이 약화되는 결과를 초래한다. 우리에게는 몸과 마음과 감정을 전체적으로 살피는 시각이 필요하다.

몸이 곧 정신이자 바로 나 자신이다.

몸으로 말하라

●

약간의 땀이라도 흘릴 수 있는 모든 활동은 놀라울 정도의 신경학적 이점을 가져온다. 우리가 이미 알고 있는 이 부문에서 매우 유용하지만 생각보다 간과되고 있는 활동이 있으니, 바로 춤이다.

춤도 하나의 운동이지만 숄더프레스나 10초 빠르게 달리기처럼 목표를 두고 하거나 부자연스럽지 않다. 춤은 서정적이고, 표현력이 풍부하며, 기쁘고, 사회적이며, 환희에 찬 활동이다. 몸을 시적으로 움직이면서 살아 숨을 쉴 수 있다는 특권 자체에 기쁨을 느낄 수 있는 것이 바로 춤이다.

춤은 종합 선물 세트와 비슷하다. 춤을 출 때는 정서적, 육체적, 정신적 자아가 모두 동원된다. 몸을 계속해서 움직이면 심장도 계속해서 뛴다. 리듬에 몸을 맞추면 쾌감이 들고, 파트너와 함께한다면 그 또한 즐거워서 미소를 짓게 되고 기분이 좋아진다.

정말 춤을 좋아하는 사람이라면 자아를 잊고 춤을 추는 그 순간에 완전히 몸을 맡기는 무아지경의 경험을 할 수도 있다. 말하자면 춤은 러닝머신에서 뛰는 것처럼 지루한 운동보다 기도나 깊은 명상에 더 가까운 활동이다.

무용/동작 치료Dance/Movement Therapy: DMT에서는 몸을 물리적으로 움직이는 것 자체를 하나의 언어로 보고, 몸짓이 목소리를 내는 말만큼이나 우리의 경험을 잘 전달하고 표현할 수 있다고 받아들인다. 흥미롭게도 이런 식으로 소통의 채널을 바꾸는 경험은 인지 기능에 큰 도움이 된다.

춤은 취미이자 열정이자 예술이지만, 그보다 훨씬 큰 의미를 지닌다. 소리에 맞춰 리드미컬하게 몸을 움직이고, 음악에 역동적으로 반응하는 건 그냥 재미에 그치는 게 아니라 건강에도 극도로 좋다. 춤은 자유로움, 해방감, 자신감, 자기 확신과 더불어 지각 능력, 기억력, 인지 능력을 향상해준다.

춤이 기억력과 전반적 인지 기능, 특히 공간 기억력과 작업 기억력(정보를 단기적으로 기억하며 능동적으로 이해하고 조작하는 능력-옮긴이)을 높인다는 사실을 입증하는 연구 결과들은 수없이 많이 나와 있다. 알베르트 아인슈타인 의과대학의 조 버기즈Joe Verghese 연구팀은 정기적으로 춤을 춘 참가자들의 경우 치매 발병 확률이 76퍼센트나 낮다는 결론을 내렸다. 다른 연구에서는 춤이 우울증 증상을 완화해준다는 결과가 나오기도 했다.

춤을 너무 만능열쇠처럼 대하듯 들릴지 모르지만 실제로 춤은 뇌 안의 신경 영양 인자(앞서 언급한 BDNF)를 자극함으로써 모든 일을 해낸다. 이 인자들은 감각 신경세포들의 건강을 담당하고 있다. 근본적으로 춤을 추면 뇌의 좌반구와 우반구 사이의 연결을 활발하게 만들어 신경가소성neuroplasticity(우리의 경험이 신경계의 기능적, 구조적 변형을 일으키는 현상-옮긴이)을 증진하고, 그에 따라 신경을 새로 연결하는 능력이 좋아진다.

자신의 뇌에 변화를 주고 뇌의 적응 능력을 높이려는 사람, 다시 말해 새로운 것을 배우고자 하는 사람에게는 당연히 엄청난 희소식이다!

춤의 혜택은 누구에게나 주어진다.

운동 신경이 무디거나, 춤을 잘 추지 못하는 사람도 걱정할 것 없다. 어떠한 제약도 없이 자유분방한 느낌이 든다면 그것으로 충분하다.

시험을 코앞에 둔 사람이라면 20분 더 벼락치기로 공부하는 것보다 그 시간에 잠깐 춤을 추며 몸을 움직이는 게 더 낫다.

뇌의 다른 부분을 자극해 뇌로 가는 혈액의 양을 늘리면 기억이 더 뚜렷해지고 정신이 맑아지기 때문이다.

수줍음이 많은 사람이라면 집에 혼자 있을 때 음악을 크게 틀고 커튼을 친 채 완전히 깜깜한 암흑 속에서 자신을 내려놓고 춤을 춰보라. 음악이 울려퍼지고, 호흡이 가빠지고, 심장이 뛰며, 근육이 움직이는 동안 뇌의 신경세포들이 분주히 연결되는 모습을 적극적으로 상상해보라.

'움직이는 명상'의 시간이 될 수도 있고, 그저 긴장을 풀고 아무렇게나 하고 싶은 대로 움직이는 시간이 될 수도 있다. 기분이 나아지기만 한다면 그걸로 충분하다. 하던 공부를 위해 다시 책상에 앉을 즈음이면 몸과 마음에 에너지가 넘치는 자신을 발견할 것이다.

요즘은 뇌졸중이나 뇌성마비 등의 퇴행성 신경증이나 우울증을 비롯한 정신 질환을 치료하는 데도 춤을 적극적으로 활용하고 있다.

장기간 주기적으로 춤을 추는 일은 요가만큼이나 장점이 많다. 좋아 보이는 춤 강좌를 신청해보라. 발레, 탭댄스, 살사, 볼룸댄스, 힙합, 그도 아니면 훌라춤처럼 완전히 새로운 춤을 배워봐도 좋다. 정해진 안무에 따라 몸을 움직이는 게 적성에 맞지 않은 사람이라면 마음대로 즉흥적으로 움직여도 된다.

어떤 동작을 하느냐보다 그 순간 자신과 자신의 경험을 물리적으로 표현하느냐가 더 중요하다. 나를 기다리고 있는 회사 일, 걱정거리 등을 모두 잊고, 음악에 젖어들어 오랜만에 몸이 이끄는 대로 맡겨보라. 처음에는 우스꽝스럽다는 느낌이 들지 모르지만 자의식을 내려놓고 나면 뇌가 감사의 신호를 보낼 것이다.

자기한테는 너무 과하다는 생각이 드는 사람이라면 그냥 친구들과 만나 음악을 느끼고 군중 사이에서 섞여 자신을 내려놓을 수 있는 장소를 찾는 건 어떨까?

'무아지경의 춤'이라는 게 결국 숨을 몇 번 깊게 들이쉬고 자기 안에 음악이 차오르는 걸 느끼면서 그 느낌에 몸을 맡기는 일에 지나지 않는다.

춤의 어떤 면이 뇌에 그렇게 좋은 영향을 주는 걸까?

무엇인가를 예술적으로 표현했다는 기쁨 덕분일까? 해방감? 몸에 땀이 나는 상태? 아니면 그 후에 찾아오는 정서적 만족감? 사실 이 모든 요인이 좋은 영향을 주고, 모든 요인이 함께 작용한다.

몸이 곧 두뇌다. 이 사실을 잊는다면 큰 손해다. 뇌 건강을 증진하는 것이 목표라면 어떤 형태의 운동이든 선택하라.

축 늘어져 있는 것에 비하면 어떤 동작이라도 하고 보는 게 더 낫지만, 그다음은 각자 선택할 일이다. 요가가 지루하고 압박감을 느끼게 하는 의무 사항처럼 느껴진다면 억지로 하지 말자. 마찬가지로 하이킹으로 심장 박동수를 늘리는 쪽이 크로스핏을 하는 것보다 훨씬 좋다면 그도 괜찮다!

자신의 라이프스타일과 생애 단계, 능력, 선호도에 맞는 활동, 그리고 자신의 몸이 필요로 하고 몸의 한계를 감안한 활동을 선택해야 한다.

우리 몸은 움직이기 위해 만들어졌고, 우리 뇌는 몸이 바로 그 일을 할 때 가장 행복해한다. 자극과 도전이 되지만, 의욕이 꺾이거나 압도될 정도로 어렵다는 느낌이 들지 않는 활동을 선택하라.

간단 정리

● 몸이 건강해지면 신경도 건강해진다. 이 둘을 분리해야 하지 않나 의구심이 강하게 들겠지만, 사실 최적의 사고와 기능을 발휘하는 데 몸과 신경은 떼려야 뗄 수 없는 관계로 연결돼 있다. 두뇌만을 특정해서 훈련할 수는 없을지라도, 우리 몸을 특정 방식으로 훈련하면 원하는 결과를 거둘 수 있다.

● 신체 건강의 첫 단계는 땀을 흘리는 활동을 주기적으로 하는 것이다. 특히, 혈액 순환을 촉진하고 심장 박동수를 높이는 유산소 운동이어야 한다. 이런 운동은 뇌로 향하는 혈액의 양을 늘리고, 다양한 대사와 호르몬 변화를 촉발하고, 전반적인 에너지 레벨을 높인다. 유산소 운동이 높은 수준의 인지 기능과 기억력을 담당하는 뇌 영역을 키우고, 심지어 인지 저하와 뇌 질환을 예방한다는 연구 결과들도 나와 있다. 뇌가 영양분과 에너지와 물 등을 극도로 많이 필요로 하는 만큼, 이런 것들을 뇌에 최적으로 공급해 뇌가 건강하게 유지될 수 있는 상태를 만들어야 한다.

● 요가와 춤이 신경 건강 증진에 효과적인 것으로 밝혀졌다. 이 두 활동은 엄격히 말하면 유산소 운동으로 분류되지 않기 때문에 의외로 받아들여질 수 있다. 물론 춤은 달리기만큼 힘들 수도 있다. 그러나 두 운동이 가지는 장점은 부분적으로나마 감정을 만족스러운 방식으로 표현할 수 있도록 해준다는 점이다. 이 사실은 요가와 춤이 우울증과 불안감을 치료하고 예방하는 데 큰 효과가 있다는 연구 결과만으로도 명백해진다. 인과관계가 100퍼센트 확실한 것은 아니지만, 요가와 춤의 이점은 반복적으로 증명돼왔다. '왜'는 '어떻게'보다 중요하지 않을지도 모른다.

● 마음챙김과 명상은 정서적으로 평온함을 떠올리게 하면서도 뇌를 활성화하는 방법 중의 하나로 밝혀졌다. 회복을 돕는 춤과 요가의 효능은 후에 우리가 살펴볼 또 하나의 복잡하고도 넓은 분야인 셀프헬프, 즉 스스로 돌보기로 이어진다.

2장.

도파민

도파민 피커를 위한
사용설명서

지금까지는 뇌를 신체 기관으로서 살펴보고, 두뇌가 우리 몸과 뗄 수 없는 일부이자 핵심 구성원이라는 사실을 확인했다. 다음으로 뇌가 어떻게 기능하는지에 초점을 맞춰 살펴보겠다.

DOSE를 알면 행복해진다

●

뇌의 기능은 뇌에서 분비되는 신경전달물질이라 부르는 화합물들에 의해 영향을 받고 발현된다.

우리의 생각과 감정, 신념 등이 모두 뇌 속의 화학물질에 근원을 두고, 화학물질로 발현된다는 사실은 참으로 신기하고 묘한 일이다.

케이크에는 밀가루, 달걀, 우유가 들어가지만 이 재료들의 상대적 비율에 따라 맛있는 케이크가 되기도 하고 맛없는 케이크가 되기도 한다. 이와 비슷하게 인간의 뇌도 모두 동일한 화학물질들을 가지고 있지만, 상대적 비율에 따라 엄청나게 큰 차이가 생긴다!

의사소통을 하고, 문제를 해결하고, 목표를 설정하고, 자신을 인식하는 일 모두가 특정 화학물질 하나가 아닌 여러 화학물질들의 상대적 비율로 결정된다.

'DOSE'라는 약자는 우리의 전반적인 웰빙에 영향을 주는 다음과 같은 네 가지 주요 신경전달물질을 나타낸다.

① 도파민Dopamine

② 옥시토신Oxytocin

③ 세로토닌Serotonin

④ 엔도르핀Endorphin

간단히 말해서 우리가 행복한 느낌을 갖는 데 필요한 가장 중요한 네 가지 물질이다. 이 물질들을 제어하고 물질 간 균형을 맞출 수 있으면 행복감을 높일 수 있다는 논리다.

운동 선수에서 과학 칼럼니스트가 된 크리스토퍼 버글랜드 Christopher Bergland는 미국 심리학 전문지 〈사이콜로지 투데이〉에 '행복의 신경전달물질'을 기고했다. 그는 글에서 특정 약물로 DOSE 수치를 조금이나마 변하게 할 수 있다고 했다.

하지만 관련 연구가 진행될수록 우리 스스로 이 화학물질들을 제어할 수 있는 능력이 과학자들이 원래 생각했던 것보다 훨씬 더 강하며, 화학적 조작 없이도 그런 제어가 가능하다는 사실이 밝혀지고 있다고 했다.

자, 이제 각 신경전달물질을 자세히 살펴보고 어떤 기능을 하는지도 알아보자.

① 옥시토신

옥시토신은 인간관계와 유대에 관여한다. 옥시토신은 다른 사람에게 가까이 다가가면 분비되는데, 그 순간 우리 기분이 매우 좋아지기 때문에 인류가 사회성과 공감력을 기르는 데 도움이 됐다.

임산부의 분만 도중과 직후(옥시토신이 자궁 수축과 모유 분비를 촉진한다) 그리고 성적으로 절정에 이른 여성과 남성 모두에게서 옥시토신 수치가 높게 나타난다. 한편 10대 청소년들과 고립된 생활을 하는 사람들은 옥시토신 수치가 낮다.

다른 사람에 대한 친밀감을 느끼는 것이 어렵고, 공감을 잘하지 못하거나, 사회적 상호작용과 의사 소통을 즐기지 않는다면 옥시토신 수치가 낮을지도 모른다.

낮은 옥시토신 수치는 기계적으로 감정 없이 관계를 맺는 결과를 낳기도 한다. 또 우울감과 공격적 성향이 짙어지고, 삶에서 기쁨과 환희를 느끼지 못하게 될 수도 있다.

옥시토신 수치가 낮다면 자폐증이나 조현병과 같은 특정 질병 때문일 수도 있지만, 대부분의 경우 가장 흔한 원인은 바로 스트레스다.

스트레스 호르몬인 코르티솔과 옥시토신은 정확히 반비례 관계에 있다. 스트레스를 받으면 다른 사람들과의 관계에 소원

해질 수 있다. 그러면 그 자체로 스트레스를 더 받게 되면서 악순환이 생길 수 있다.

우리가 다른 사람과 유대감을 형성하고, 포옹을 하거나 키스를 할 때 분비되는 이 '사랑 호르몬'은 건강한 정신, 낭만적인 일대일 관계, 만족스러운 관계 그리고 충성심, 신뢰성 등의 특징과 깊은 관련이 있다.

하지만 그렇게 단순하지만은 않다. 옥시토신이 감정의 '증폭기'로도 여겨지고 있기 때문이다. 즉 신뢰하는 사람과의 친목은 증대하는 반면, '내 사람'이 아닌 사람들에 대한 불신 또한 증폭시킨다.

옥시토신은 기억을 더 뚜렷하게 만드는데, 2010년 미국국립과학원 연구에 따르면 옥시토신이 좋은 사회적 기억만큼이나 부정적인 사회적 기억 또한 강화한다는 사실이 밝혀졌다. 연구진은 남성들에게 옥시토신을 투여한 후 어머니에 대해 글을 써보도록 했다. 긍정적인 기억을 가진 사람들은 긍정적인 글을 썼지만, 어머니와의 관계가 순탄하지 않던 사람들은 그 정도를 더 강하게 묘사했다.

어쩌면 옥시토신이 좋은 물질인지 나쁜 물질인지, 혹은 나의 옥시토신이 건강한 상태인지 그렇지 않은지의 문제가 아니라

적절한 수준을 찾는 것이 중요하다.

그렇다면 어떻게 우리 삶에서 옥시토신의 분비를 촉진하고 균형을 잡을 수 있을까?

좋은 소식은 옥시토신 분비를 촉진하는 데 크게 돈이 들지 않고, 쉽고 즐거운 일이라는 사실이다! 아이를 낳고 모유 수유를 하고 누군가를 사랑하는 일 모두 옥시토신을 많이 분비하는 일이지만, 하루 종일 조금씩 옥시토신을 톡톡 분비하는 데는 그렇게 거창한 경험까지 필요하지 않다.

포옹하기, 몸을 바짝 붙인 채 편안한 자세를 취하기, 손 잡기, 마사지, 눈 맞추기 등 일상에서 타인과의 가벼운 접촉만으로도 충분하다. 심지어 스스로 가볍게 마사지를 하기만 해도 옥시토신 분비가 촉진된다.

그 외에도 할 수 있는 일은 다양하다: 선물 주기, 누군가에게 사랑한다고 말하기, 요가처럼 몸과 마음이 모두 동원되는 운동하기, 기분이 좋아지는 음악 듣기, 가족이나 친구들과 여유롭게 식사하기, 명상하기, 따뜻한 물에 몸을 담그고 목욕하기, 반려동물과 놀기, 호감 가는 사람과 깊은 대화 나누기.

옥시토신 분비를 계속해서 유도하는 확실한 방법은 **의식적**

으로 신뢰의 느낌을 만들어내는 것이다. 신뢰는 옥시토신 분비를 촉진한다.

물론 우리가 사는 세상에서는 다른 사람을 일단 의심하고 보는 것이 기본값이다. 믿을 수 없는 사람마저 신뢰하는 건 무리지만, 아무도 믿지 않는다면 옥시토신을 잠재우는 것과 마찬가지다. 타인에 대한 기대감으로 시작해 시간이 지남에 따라 확실한 관계로 만들어가면 된다.

적게나마 실망할 위험이 있다 하더라도 가끔은 새로 사귄 친구에게 취약한 모습을 보여주거나 타인에게 도움을 요청해보라. 타인에 대한 판단이나 비난을 너무 서둘러 하지 않는 것만으로도 신뢰의 느낌을 강화할 수 있다. 애매한 상황이라면 판단을 조금 늦추되, 일단 좋은 쪽으로 해석해보겠다고 자신과 약속해보라.

2006년 출간된 《신뢰의 속도》에서 저자 스티븐 코비Stephen Covey는 "우리 모두가 타인이 신뢰할 수 있는 사람이 되겠다는 결심을 할 필요가 있다"며 그 이유와 방법이 무엇인지를 설명한다. 한마디로,

솔직하게 의사소통을 하고 약속을 지켜라.

시간이 흐르면서 사소하고 작은 인연들이 내 주변에 신뢰할 수 있는 네트워크로 구축된다. 의식적이고 전략적으로 다른 사람에게 관대하게 시간과 믿음을 허락하면 다른 사람도 같은 마음을 내어줄 것이다.

육감을 조금 더 신뢰하고,
사람들에게 조금 더 관심을 기울이며,
타인의 선의를 믿어보라.

마지막으로, 거래한다는 생각이나 다른 사람에게서 무엇을 얻을 수 있을지 (혹은 그들이 내게서 무엇을 얻으려 하는지) 계산하는 것을 멈춰야 한다. 그 대신, 대가를 바라지 않는 관계를 구축할 수 있게 노력한다.

의식적으로 신뢰를 구축하는 것은 옥시토신을 너무 많이도, 너무 적게도 분비하지 않고 유대감과 만족감을 얻을 수 있는 최선의 균형점을 찾는 데 큰 도움이 된다.

② 세로토닌

세로토닌은 기분 조절에 강력한 영향력을 행사할 뿐 아니라 장의 영양분 흡수, 면역 건강, 혈액 순환 등 몸 전체의 항상성 균형을 유지하는 데 일인 다역의 역할을 수행한다. 세로토닌은 '자신감 분자confidence molecule'라고도 부르는데 세로토닌 수치가 높으면 거절을 당해도 덜 민감하게 반응해서 자존감을 지켜내고, 그러면서 의도적으로 자신이 능력 있고 자존감이 충만한 상황을 찾아가도록 한다.

세로토닌 수치가 높으면 집중력도 높아지고 자신감과 활력이 생긴다. 큰 걱정 없이 사회적으로 활발하며, 잠도 더 잘 자고, 어떤 일이든 즐겁게 해내며, 세상에 대한 믿음이 생긴다.

반대로 세로토닌이 없으면 우리는 우울감과 두려움에 사로잡히고 동기를 잃는다. 위험을 감수하려 하지도 않고 세상에 나아가려는 마음도 없다. 자신에게 새로운 도전을 맞이하거나 변화에 대처할 능력이 있다고 믿지 못하기 때문이다.

《뇌가 행복해지는 습관》의 저자 로레타 브루닝Loretta Breuning은 이렇게 말한다. "자신감은 세로토닌을 촉발합니다. 원숭이들이 상대를 누르고 우월함을 과시하려 애쓰는 것도 세로토닌 분비가 자극된 탓이죠. 우리 인간도 마찬가지입니다."

그러나 세로토닌 자체가 자신감을 느끼게 하기 때문에 닭이 먼저냐, 알이 먼저냐 하는 상황이 되기도 한다. 자존감이 낮다는 것은 세로토닌 수치가 낮다는 의미일 수도 있다.

브루닝은 건강한 수준의 세로토닌 수치를 유지하기 위해서는 존중받는 느낌과 사회적 위상을 유지하고자 하는 욕구를 충족시킬 수 있어야 한다고 믿는다. 어떻게 그럴 수 있을까?

이미 이뤄낸 성취에 초점을 맞춰라.

결과를 바꿀 수 없는 실패에 집착하는 대신 얼마나 이뤘는지를 살펴보라. 과거 자신이 이뤄낸 성취에 대해 돌아보는 시간을 잠깐 갖는 것으로도 세로토닌 분비를 촉진해서 스스로를 자랑스러워하는 마음이 생길 수 있다.

옥시토신과 마찬가지로 가끔 자신에게 도전하라.

편안하게 느끼는 범주를 벗어나보는 경험이 중요하다. 새로운 도전을 할 때마다 자기 자신에게 '할 수 있다'는 것을 증명하고 유능하다는 느낌을 축적해나갈 수 있다.

존중받는 느낌이 들었을 때를 돌이켜보라.

존중과 높은 평가를 얻어낸 이전의 경험은 특정 신경 경로를 형성하지만, 이런 경로가 모두 건강하거나 유효하지는 않다.

사회적 위상을 확보하고자 하는 자신의 욕구를 존중하면서도 동시에 그런 욕구를 충족하는 방법에 대해서는 의문을 제기할 수 있다. 예를 들어, 과거에 다른 사람을 짓밟거나 지나치게 공격적인 경쟁을 했을 수도 있다.

그렇다면 자신에 대해 좋은 느낌을 가질 수 있는 더 건강한 방법은 무엇이 있을까?

자신을 신뢰하라.
다른 사람에게서 감탄과 존경을 얻고, 자신의 성취를 인정받기를 원해도 괜찮다는 사실을 받아들인다는 뜻이다. 그런 감탄과 존경, 인정을 스스로에게 주는 것부터 시작해보라.

더 나은 식생활을 가져라.
체내에서 분비되는 대부분의 세로토닌은 장에서 만들어지기 때문에 식생활이 중요하다. 과일과 채소, 통곡물, 양질의 단백질이 풍부한 가공하지 않은 음식, 김치, 콤부차, 요구르트와 같은 발효 식품, 유산균을 챙겨 먹어보라.

과거를 다시 생각해보라.

유의! 문제를 잘 견디고 극복해낸 일들만 떠올려야 한다. 현재 직면한 어려움 또한 충분히 극복할 수 있는 힘이 자신에게 있다는 사실을 재확인할 수 있다.

밖으로 나가서 햇볕을 쬐라.
단 20분이라도 좋다. 이렇게 하는 것만으로도 세로토닌 수치가 높아진다는 연구 결과가 많다.

자신이 가진 잠재적 리더십을 찾아내라.
나는 무엇을 알고 있고, 다른 사람에게 무엇을 가르쳐줄 수 있는가? 내가 가진 목적 의식으로 다른 사람에게 어떤 영감을 줄 수 있는가?

자신감 있게 한계를 분명히 하라.
가끔은 우리가 가진 한계와 필요를 명확하게 밝히는 것도 자신감의 표현이다. 세로토닌이 장에서 만들어지기 때문에 서구권 영어 표현 중에는 '직감을 따른다'는 뜻의 '장을 믿어보라trust your gut'는 말이 있다. 때로는 이 표현대로 해보는 쪽이 자신감과 용기를 북돋는 길이 되기도 한다! '아니요'라고 말하고, 그 말이 자신의 진심임을 확인할 때 자신감을 북돋는 세로토닌이 분비된다.

옥시토신과 마찬가지로 세로토닌 수치도 서서히 그리고 꾸준히 균형을 맞추는 것이 제일 좋다. 한꺼번에 갑자기 바꾸기보다는 오랜 시간에 걸쳐 자긍심을 기르는 작은 발걸음을 꾸준히 내딛어라.

스스로를 너무 가혹하게 밀어붙이고 있다는 걸 깨달으면, 지금까지 이룬 훌륭한 성취들을 되새겨보고 그 일들에 대해 좋은 기분을 갖도록 스스로를 격려하라.

③ 엔도르핀

이 신경전달물질의 역할은 통증을 감추고 불편을 참는 일을 더 쉽게 만드는 것이다. 엔도르핀이라는 이름은 내인성, 즉 '안으로부터endogenous'라는 단어에 통증을 완화하는 화학물질인 '모르핀morphine'을 합성해서 만들어졌다. 이 천연 진통제는 투쟁/도주 반응과 밀접히 연결돼 있어서 고통이나 스트레스가 닥치면 바로 분비된다.

그러나 우리 몸은 음식을 먹고 스킨십을 하고 운동을 할 때도 엔도르핀을 분비한다. '러너스 하이runner's high'로 유명한 현상(달리기를 하면서 체력적 한계까지 자신을 밀어부칠 때 잠깐 경험하는 환희의 순간) 또한 엔도르핀 덕분이다. 우울증 치료 시 항상 운동을 처방하는 이유도 운동을 해서 분비되는 엔도르핀이 고통을 줄여주는 데 강력한 효과를 발휘하기 때문이다.

엔도르핀의 메커니즘이 왜 이런 식으로 진화했는지는 꽤 쉽게 추측할 수 있다. 통증은 엔도르핀 분비를 촉발한다. 야생에서 엔도르핀은 부상을 입거나 병에 걸린 동물이 통증을 무시하고 계속 몸을 움직여 포식자를 피하고 안전한 곳으로 피신할 수 있도록 해서 생존 가능성을 높여준다.

기진맥진해 보이거나 심각한 부상을 입은 사람들이 어떻게 비상시에 놀라울 정도로 맑은 정신과 힘으로 신속한 대처를 할 수 있는지, 그리고 왜 일부 사람들이 자해를 하면서 묘한 흥분감을 느끼는지도 엔도르핀으로 설명할 수 있다.

높은 수치의 엔도르핀은 불안감과 우울감을 완화해주고, 자존감을 높이며, 입맛을 적절하게 조절하고, 심지어 면역 반응을 강화하기까지 한다. 엔도르핀 수치가 낮을 때 보이는 증상으로는 기분의 극단적 변화, 쑤시고 아픈 통증, 충동성, 수면 부족 등이 있다.

엔도르핀 수치를 어떻게 올릴 수 있을까? 통증만 느낄 수는 없지 않은가!

엔도르핀 분비를 늘리는 가장 자명한 방법 중 하나는 치열하게 운동을 하는 것이고, 달리기가 가장 좋다. 사실 격렬한 운동이면 뭐라도 좋다. 근육 섬유가 미세하게 파열돼 생기는 가벼운 통증만으로도 엔도르핀 분비를 촉발하기에 충분하기 때문이다.

이런 격렬한 운동 말고도 어느 정도 엔도르핀 분비 효과를 누릴 수 있는 활동이 있으니 바로 **스트레칭**과 **웃기**다. 이 두 활동 모두 내장에 자극을 줘 아주 극소량의 마모를 초래하는데, 이때 엔도르핀 분비가 촉발된다. 기분 좋은 스트레칭 방법은 따로 설명이 필요 없고, 웃기도 마찬가지다. 단, 진심으로 웃어라. 그리고,

다크 초콜릿이나 매운 음식을 먹어라.
재미있는 영상을 시청하라.
명상을 하라.
음악을 듣거나 악기를 연주하라.
예술품을 감상하거나 직접 만들어라.
춤을 춰라.

뜨거운 사우나를 즐겨라.

마사지나 아로마테라피를 받아라.

자원봉사활동을 하라.

친구들과 많은 시간을 보내라.

엔도르핀 수치가 올라가면 도파민 분비를 자극하는데(이 부분에 대해서는 곧 더 자세히 알아보자), 이는 케이크에 들어가는 재료들처럼 신경전달물질 네 가지가 모두 밀접하게 연결돼 있고, 상호작용을 한다는 사실을 상기해준다.

그러나 한계가 있다는 사실도 잊지 말자. 브루닝은 말한다. "엔도르핀은 생존을 위해 진화한 물질입니다. 항상 엔도르핀에 취해 있으면 뜨거운 난로에 손을 대고, 다리가 부러져도 계속 걸어다닐 테죠."

다시 말하자면 엔도르핀은 비상 상황에 대처하기 위해 나오는 물질이니 너무 과하면 좋지 않다는 사실을 기억해야 한다는 의미다.

④ 도파민

이제 가장 흥미로운(그래서 아껴둔) 도파민의 차례다. 도파민은 정말이지 많은 오해를 받아왔다!

로버트 새폴스키Robert Sapolsky는 《행동》에서 도파민이 보상을 받을 수 있다는 기대감과 관련 있다는 사실을 증명한 한 연구에 대해 설명했다.

연구에는 원숭이가 등장하는데, 원숭이는 레버를 누르기만 하면 보상을 받았고 만족한 원숭이의 뇌에는 도파민이 분비됐다. 이 과정을 몇 번 반복한 연구진은 원숭이가 어느새 레버를 누름과 동시에 보상을 기대한다는 걸 파악했다. 보상이 보이기도 전에 원숭이의 뇌에 도파민이 분비됐기 때문이다.

우리도 원숭이와 크게 다르지 않다. 성적 흥분감은 실제 성행위 자체보다 더 많은 양의 도파민 분비를 초래할 수 있다. 식당에서 맛있는 음식을 주문할 때가 실제로 음식을 먹을 때보다 감정적으로 더 만족스러울 수도 있는 것과 같은 원리다.

이렇게 도파민은 보상과 만족감에 대한 기대감으로 분비되는 물질이어서, 보상을 향한 목적 의식과 깊은 관련이 있다.

이 신경전달물질이 진화한 데는 다 이유가 있다. 보상에 가까워질 때마다, 다시 말해 생존 가능성을 높일 때마다 도파민 분비가 촉발돼 근본적으로 '이거 좋아! 계속 해!'라는 신호를 뇌에 보낸다. 따라서 포식자로서 우리가 맛있는 먹이를 사냥할 때 도파민 수치가 솟구쳤고, 우리 몸 전체에 에너지가 더 많이 흐르게 됐다. 포식자였던 우리에게 도파민은 사냥감을 잡는 데 필요한 에너지를 공급해주는 온오프 스위치나 마찬가지였다.

도파민은 각성도와 집중력을 높여주지만 집중을 하는 대상은 사람에 따라 다르다. 보상을 받을 수 있는 행동(먹기, 스킨십, 목표 달성 등)을 할 때마다 도파민이 폭발적으로 증가한다.

어린 시절 인격 형성기에 도파민이 분비될 때 두뇌 속의 신경 연결들이 확고해지는데, 이 때문에 나중에도 그 느낌을 다시 찾고자 하는 뇌가 만들어진다. 도파민이 동기 부여를 하는 화학물질이어서 기분이 좋아지는 특정 행동을 반복하도록 유도한 결과다.

그렇게 형성된 행동 패턴은 무한할 정도로 다양하다: 데이팅 앱에서 프로필 사진들을 계속 구경하기, 전문 자격증을 따기 위해 노력하기, 돈을 따냈을 때의 흥분을 좇아 도박하기, 어려운 두뇌 퍼즐을 궁리 끝에 풀기.

이 모든 상황에서 도파민은 우리가 목표에 집중할 수 있게 하고, 기분을 좋게 만들어서 앞으로 나아가도록 격려한다. 또한 우리가 특정 행동을 하도록 장려하고, 장기적 습관을 형성하도록 유도한다. (이 경우 습관이란 '과거에 이 행동을 해서 기분이 좋았으니 현재에도 계속 해야겠다'는 생각을 말한다.)

도파민으로 많은 것을 설명할 수 있다. 우리가 목표를 세우고 그것에 도달하기 위해 노력하면 왜 기분이 좋은지, 그리고 도파민 수치가 낮으면 왜 우울증, 동기 결여, 혹은 삶에 대한 열의 부족 등의 증상이 나타나는지도 설명할 수 있다. 따라서,

단순히 도파민이 분비되는 양을 늘리는 것이 중요한 문제가 아니다. 그보다는 도파민을 어떻게 이용하고, 이 물질이 우리 삶에 어떤 역할을 하는지가 중요하다.

따지고 보면 헤로인 중독자도, 동기 부여가 강한 의과대학 학생도, 모두 과도한 도파민 분비를 경험하고 있지만 매우 다른 이유로 촉발돼 매우 다른 결과를 낳았다.

어떻게 하면 도파민 수치를 최적화할 수 있을까?

가장 대표적인 방법은 **새로운 목표를 세우고 날마다 목표를 향해 한 걸음씩 나아가는 것**이다. 발걸음을 뗄 때마다 우리의 뇌는 도파민으로 보상을 줄 것이다. 그렇게 반복하다 보면 새로운 도파민 경로가 생기고, 결국 바람직하지 못한 행동을 유도하는 도파민 습관과 겨뤄 이길 수 있는 확고한 도파민

경로를 확립할 수 있다.

목표는 크거나 작을 수도 있고, 사적이거나 비즈니스 차원일 수도 있으며, 장기적이거나 단기적일 수도 있다. 사실 여러 요소를 다양하게 혼합해보는 것이 좋다.

중요한 것은 적극적으로 목표를 설정하고 그 목표를 향해 꾸준히 발걸음을 떼는 것이다. 그런 작은 발걸음이 도파민으로 인한 보상을 받는 만족감을 만들어낸다.

보상이 관건이다

●

목표 자체도 중요하지만 도파민 경로를 확립하는 데 **여러 가지 작은 보상**만큼 중요한 것도 없다. 커다란 임무를 작은 조각으로 쪼개고, 자주 멈춰서서 자신에게 보상을 주고, 그때까지 이룬 성취와 전진해온 자취를 즐겨보라. 도전도 좋지만 달성할 목표를 너무 먼 미래에나 가능한 것으로 설정하지는 말라.

보상의 느낌을 갖기가 힘들다면 목표 뒤에 숨은 더 숭고한 목적을 상기해보라. 그 과정에서 자신의 행동이 목표와 연결돼 있다는 느낌이 들면서 도파민이 분비될 것이다.

무엇에서도 영감을 받지 못하고, 동기 부여도 되지 않고, 지루하고, 삶 전반에 흥미가 없는 경우 도파민 수치에 문제가 있다고 생각하면 대체로 맞다.

자신이 그런 상태라는 걸 깨달으면 새로운 목표를 세우고 자문해보라. '목표를 향해 내딛을 수 있는 가장 작은 첫걸음은 무엇일까?' 그리고 그 발걸음을 뗀 다음 스스로의 기분을 살펴보라. (아마 훨씬 행복해져 있을 것이다!)

도파민 단식

●

뇌 속에서 도파민 보상 체제가 어긋나 있거나, 건강하지 못한 목표로 경로가 확립돼 있으면 중독으로 이어질 수도 있다. 도파민에 대한 이해가 깊어지면서 요즘에는 '도파민 단식' 운동에 참여하는 경향이 커지고 있다.

이 이름에는 오해를 불러일으킬 소지가 있다. '단식'이라는 단어 때문에 도파민은 줄이거나 없애야 할 해로운 물질로 여겨지기 때문이다. 사실은 전혀 그렇지 않다!

개념을 처음으로 제안한 캐머런 세파Cameron Sepah 박사는 〈뉴욕타임스〉와의 인터뷰에서 소셜 미디어 알림 및 기타 디지털 신호, 알람 등과 같은 해로운 자극들이 우리의 도파민 체제를 교란하기 때문에 그런 자극들과의 연결 고리를 끊는 행동 요법적 접근법이 바로 도파민 단식이라고 설명했다.

어떤 행동을 할 때 즐거움을 경험하면(도파민 분비) 그 행동을 반복할 가능성이 높아진다. 그 과정에서 그 행동을 촉발하는 자극과 우리의 반응이 짝지어진다. 다시 말해 행동이 조건화되는 것이다. 예를 들어, 소셜 미디어 페이지들을 계속 내리면서 자극적인 글을 읽을 때마다 도파민이 분비된다. 다음부터는 자극(테이블 위에 놓인 스마트폰)을 받으면 조건화된 반응을 한다(스마트폰을 집어들고 별생각 없이 오랫동안 소셜 미디어를 소비한다). 도파민 단식은 이런 조건화된 반응의 고리를 끊는 것이자 도파민 수치를 바꾸는 것이다.

그렇다면 우리는 도파민을 끊을 게 아니라 '리셋reset'해야 한다. 도파민 민감성을 회복해서 사소하고 건전한 것들에서 다시 즐거움을 느낄 수 있도록 만드는 것이다.

감정적 섭식이나 도박, 과도한 포르노 시청이나 자위, 익스트림 스포츠, 약물 남용, 게임 중독과 같은 행동을 계속하기보다, 도파민 단식을 통해 습관을 리셋하고 이미 길이 든 신경 경로를 삭제하려는 시도가 필요하다. (인지 행동 치료에서는 이를 '자극통제'라고 부른다.)

자신이 중독적이거나 집착적인 행동을 한다는 사실을 깨달은 사람은(기술이 그런 식으로 발달했기 때문에 거의 모두가 해당하겠지만) 도파민 단식을 할 수 있다. 잘못된 습관으로 인해 가정에서든 일터에서든 자기 의지로 맡은 바 책임과 의무를 다하지 못할 정도가 되었거나 그런 일을 한다는 생각만으로도 괴로울 정도라면 문제가 심각하다.

도파민 단식이 항상 쉽지만은 않겠지만 방법은 간단하다.

1단계: 자극을 제거하기

중독적인 행동을 촉발하는 원인에 접근하는 것을 어렵거나 불가능하게 만든다. 스마트폰을 멀찍이 두거나 컴퓨터에 웹사이트를 차단하는 앱을 설치할 수도 있고, 주로 행동했던 그 시간에 꼭 해야 할 다른 일을 계획한다.

음식이 문제면 금지하고 싶은 음식을 부엌에서 제거한다. 게임이 문제라면 근무 시간 외에는 인터넷을 차단하거나 가령 퇴근길에 PC방을 지나지 않도록 경로를 잡는 건 어떨까?

2단계: 충동 서핑urge-surfing을 시도하기

하던 대로 돌아가고 싶은 충동은 여전히 머리를 맴돌 것이다. 그 행동을 통한 보상을 기대하도록 뇌의 회로가 형성돼 있기 때문이다. 더구나 그런 충동을 촉발하는 자극을 완전히 피하는 일도 현실적으로 어렵다.

그러니 그런 욕구가 생길 때는 외면하려 하지 말고, 그런 감정과 '공존'하는 방법을 찾아보라. 욕구가 생긴다는 것을 의식하고, 거기에 꼭 부응하거나 항복하지 않고 욕구를 포용하는 경험, 충동이라는 파도를 타고 서핑하는 경험(충동 서핑), 실제로 욕구대로 하지 않는 선택을 할 때마다 신경 경로가 약화된다는 사실을 상기하면 된다.

옳고 그르고의 판단을 유보하고, 충동을 의식하면서 호흡하고 그 모든 것이 지나가도록 허용하라. 결국 모든 것은 지나가기 마련이다! 갈망의 소용돌이가 점점 커져서 한바탕 머릿속을 휩쓸고 다시 소멸되는 과정에 주의를 기울여보라. 이 일을 한 차례씩 겪을 때마다 나의 반응이 달라질 것이다. 그리고 스스로 훈련하는 일이 점점 더 쉬워진다.

3단계: 소중히 여기는 가치를 되새기기

한창 중독으로 가는 중에는 오직 원하는 건 그 일뿐이고 다른 어떤 일도 중요하지 않은 일처럼 느껴진다. 그러나 이런 현상이야말로 도파민이 얼마나 강력한 신경전달물질인지를 증명해준다.

1단계와 2단계를 실천하는 동시에 그 집착적 행동을 하는 대신 어떤 일을 할 수 있는지를 생각해보라. 예를 들어 '아무것도 하지 않기'로 정했다고 생각해보자. 사실 아무것도 하지 않는다는 건 생각보다 꽤 어려워서 거의 불가능한 일이다.

대신 소중히 여기는 가치와 묶어 목적 의식과 동기를 정상화하라. 도파민에 이끌려 해왔던 행동을 하지 않아서 번 시간이 얼마나 많은지를 확인하고 앞으로 그 시간을 어떻게 잘 활용할 수 있는지 자문해보라.

먼저 자신이 소중히 여기는 가치가 무엇인지를 되새겨봐야 한다. 건강? 지식? 혹은 사랑하는 사람들과의 관계?

그런 다음 건강을 돌보는 데 시간을 쓸 수도 있고(영양 듬뿍 맛있는 음식을 요리하고, 운동을 하고, 산책을 나가는 등), 친구들과 만나거나 새로운 것을 배우고, 집을 정리하거나 예술 활동을 하고, 책을 읽거나 음악을 듣고, 휴식을 취하거나 여행을 떠나고, 취미 생활을 하거나 자원 봉사를 할 수도 있다.

단, 다음과 같은 것들은 도파민 단식과 전혀 상관이 없다는 사실을 잊지 말자.

즐거움이 없는 삶을 살려고 하는 것,
(적절한 도파민 수준을 유지하는 것이 중요하다!)
도파민 분비를 줄이려 하는 것,
(도파민을 줄이는 것이 아니라 강박적 행동을 줄여야 한다.)
은둔하거나 일을 그만두거나 안식년을 가지는 것.

(삶 자체에서 후퇴하는 것이 아니다.)

도파민 단식에서 제일 중요한 것은 **균형**이다. 이제는 인터넷 중독도 진단 및 통계 매뉴얼Diagnostic and Statistical Manual of Mental Disorders: DSM(미국정신과협회에서 발행한 정신 장애 분류 및 표준-옮긴이)에 정신 질환으로 분류돼 있고, 완전히 딱 끊는 것보다는 적당한 수준의 인터넷 사용이 더 바람직하다는 게 전문가들의 공통된 의견이다.

정확히 어떤 방식으로 도파민 단식을 할 것인지는 사람에 따라, 그리고 그 사람이 가진 중독 상태, 목표, 상황에 따라 달라질 수밖에 없다. 하지만 다음은 시작할 때 참고할 수 있는 몇 가지 팁이다.

제한 시간을 정하라.

일정표를 확인하고 하루 중 특정 시간을 그 행동을 하지 않는 시간으로 정해둔다. 예를 들어, 토요일과 일요일에 1시간씩만 TV를 보고 그 외 시간에는 보지 않겠다 결심할 수 있다. 자신의 한계를 정해두거나, 그걸 두고 가타부타할 수 있는 사람은 아무도 없다. 그러나 도파민 단식에 있어 제한을 두는 것은 중요하다.

균형을 추구하라.

극도로 과한 자극에 자신을 노출하는 것을 삼가라. 가공이 많이 된 중독성 강한 음식, 과도한 게임이나 TV 시청, 심하게 자극적인 온라인 뉴스, 교묘하게 사람을 조종하는 광고, 너무 많은 새로운 경험이나 물건, 스릴과 흥분이 넘쳐 아드레날린 분비를 자극하는 활동을 적절한 수준 이하로 조절하라.

대체할 수 있는 방법을 강구하라.

욕구가 가장 강할 때 다른 일로 관심의 방향을 돌려서 자기 제어력이 좀 더 강해질 때까지 버텨보라. 가령 컴퓨터에 인터넷 차단 앱을 설치하고, 바로 옆에 책을 둬서 인터넷 검색 대신 책에서 즐거움을 찾도록 자기 자신을 유도해보라.

간단 정리

....

● 신경전달물질은 뇌의 메시지를 전달하는 일을 하는 화합물로 도파민, 옥시토신, 세로토닌, 엔도르핀이 대표적이며 'DOSE'라는 약자로 통칭된다. 이 물질들은 우리의 전반적인 경험에 지대한 영향을 미친다.

● 옥시토신은 사랑의 호르몬으로 유대감, 관계 형성, 공감, 안전함 등의 감정을 느끼는 것을 돕는다. 의식적으로 신뢰하는 사회적 관계를 쌓아가기 위해 노력하고, 자기 자신도 더 믿을 수 있는 사람이 되도록 노력함으로써 옥시토신 분비를 촉진할 수 있다. 우리는 봉사, 관계, 상호 의존 등의 가치를 염두에 두고 전략적으로 주변 사람들과 따뜻한 관계를 형성해야 한다.

● 세로토닌은 기분을 편안히 하고 자존감과 자기 결정 능력, 자신감 등에 관여해서 '자신감 호르몬'이라고 부르기도 한다. 세로토닌 수치를 높이기 위해서는 자기 자신을 신뢰하고 자신감 있게 한계를 설정하며 리더가 될 용기를 발휘하는 한편, 과거의 실패

보다는 성취를 더 자주 되새겨보는 것이 좋다.

● 엔도르핀은 뇌의 천연 진통제이자 불안감과 우울증을 완화하고
자존감을 높이며, 입맛을 조절하고 심지어 면역 반응도 높인다.
격렬한 운동, 매운 음식, 스트레칭 혹은 웃기 등의 활동은 엔도
르핀 수치를 높이는 데 도움이 된다.

● 도파민은 보상 화합물이라고도 할 수 있는데, 미래의 즐거움을
예측하고 기대할 때 분비되며 습관을 확립하는 역할을 한다. 새
로운 목표를 세우고 그 목표를 향해 한 걸음씩 뗄 때마다 자신
에게 보상을 주는 방법으로 도파민을 더 만들어낼 수 있다.

● 중독과 싸우는 사람이라면 도파민 단식이 도움이 될 수 있다. 충
동을 촉발하는 자극을 피하거나 제거하는 것이 좋지만, 어쩔 수
없이 맞닥뜨리게 되면 '충동 서핑'을 하면서 불편함에 굴복하지
않고 대면하기 위해 노력해야 한다. 소중하게 여기는 가치를 되
새겨서 집착적인 행동 대신 삶에 진정으로 이로운 행동을 해보
는 것이다.

3장.

집중력

뇌 청소부,
글림프 시스템

집중을 잘 못하고, 자존감이 낮으며, 밤 늦게까지 게임을 하거나 주말이면 과하다 싶을 정도로 술을 마시는 등, 바람직하지 못한 중독성 습관을 여럿 가지고 있는 사람을 상상해보라.

그런 사람이 뇌 건강에 긍정적인 변화를 꾀하고, 두개골이 감싸고 있는 이 엄청나게 강력하고 장엄한 장치를 더 잘 돌보기 시작해야겠다고 결심했다 치자.

어느 날 기억력을 높여준다고 소문난 건강 보조제를 사서 반신반의하며 한 달 정도 먹다가 시간이 지나면서 그걸 먹는 것조차 잊어버린다. 그러다가 스마트폰에 뇌 훈련 앱을 다운받아 좀 해보다가 너무 지루해서 그마저 그만둔다.

신경전달물질에 대해 좀 들어본 적은 있어서, 이 물질들을 잘 돌보는 게 뇌 건강에도 좋다는 생각에 활동량을 늘리고 사회생활을 더 활발히 하며, 소중히 여기는 가치와 부합하는 목표를 세우려 한다.

그 후 일이 어떻게 진행될지 우리는 이미 잘 알고 있다. 이런 시도의 대부분은 금방 김이 빠져버리거나, 심지어 시작하지도 못한다.

왜 그럴까? 우리의 인지 능력을 향상하고자 노력하는 일이 왜 이렇게 어려운 걸까?

요가와 춤에 관한 연구를 봐도 잘 알 수 있듯이, 이런 활동들이 몸과 마음에 굉장히 좋은 영향을 주지만 만병통치약은 아니다. 뭔가를 꾸준히 하면서 신경가소성의 힘과 뇌의 적응력을 잘 활용해야 이점을 취할 수 있다.

두뇌의 회복탄력성과 건강은 단 한 번 어떤 조치를 취한다고 갑자기 좋아지거나 확 나빠지지 않는다. 긴 시간에 걸쳐 만들어낸 습관과 루틴을 반복하고 의식적으로 하던 행동을 점점 무의식적으로 하면서 얻을 수 있는 것이다.

우리의 정신적, 육체적, 정서적 건강은 하나하나만 보면 대수롭지 않아 보이는 수십 개의 작은 습관들이 축적된 결과다.

마찬가지로, 수십 개의 하찮지만 잘못된 선택들이 거듭 반복되면 결국은 건강을 해치게 되고, 고치기 힘든 나쁜 습관으로 굳어진다.

이렇게 굳어진 큰 덩어리를 단 한 번, 하는 둥 마는 둥 해보는 걸로는 깨부술 수 없다. 어쩌면 오히려 그런 시도 후에 자기는 진정한 변화를 꾀하는 것이 어렵다는 믿음만 굳히고 끝날 수도 있다.

자신의 건강을 최우선으로 돌보겠다는 결심을 의식적으로 하는 게 중요하다. 그 결심은 매일, 매 순간 새로 다져보라.

이것저것 기웃거리며 하다 말다 하기보다 몇 년에 걸쳐 매주 요가를 하는 게 누적된 효과 면에서나 실질적인 효과 면에서 훨씬 나은 건 당연하다. 유산소 운동도 마찬가지라는 사실을 앞에서 확인했다.

생활의 대부분을 건강한 루틴의 범주 안에 머물도록 꾸준한 노력을 기울이면 어느덧 그 범주 안에 머무는 일이 제2의 천성처럼 느껴진다. 일단 탄력을 받기만 하면 얼마 가지 않아 습관대로 하는 일보다 나쁜 습관을 깨는 일에 더 적은 에너지가 쓰일 것이다.

우리를 둘러싼 세상에서 벌어지는 일과 거기서 들어오는 정보를 이해하고 처리하는 일. 이 일을 위해 두뇌를 최적의 컨디

션으로 유지하는 데 숙면과 운동, 영양 균형이 잡힌 식사가 중요하다는 사실에는 반박할 여지가 없다.

뇌 건강을 돕는다는 건강 보충제가 이미 수십 가지나 나와 있고, 뇌에 영양을 공급해준다는 여러 음식들에 대해 모두들 들어서 알고 있다. 그러나 건강에 관심이 많은 사람들마저 종종 잊곤 하는 사실이 하나 있다.

어쩌면 가장 중요한 부분일 수도 있는 요소는 바로 **충분한 휴식**과 **수면**이다. 휴식과 수면은 정신적 능력을 최적으로 유지하기 위한 루틴과 습관을 만드는 데 가장 먼저 놓아야 할 초석이다.

우리 몸의 '리셋' 버튼

●

우리는 수면을 그 중요성에 걸맞은 존중과 경의를 품고 대하지 않는다. 수면이 얼마나 중요한지는 너무도 명백하지만 제대로 거론되지 않는 경우가 많다.

온 세상이 급박하게 돌아간다고 말해도 과언이 아니다. 우리 모두 행동, 결과, 자아 중심적 목표 그리고 가차 없이 그 목표를 향해 나아가는 것을 좋다고 생각한다. 몸이 따라갈 수 있든 없든 상관없이 말이다.

'허슬 컬처hustle culture(개인 생활보다 업무를 중시하고, 열정적으로 일하는 것을 높이 평가하는 문화-옮긴이)' '고통 없이는 얻는 것도 없다' 등의 서사가 난무하는 시대인 만큼, 우리 모두 1년 365일을 로봇처럼 일하며 낮잠을 비생산적인 일로 치부하고 '쉴' 시간이 어딨냐고 느끼는 것도 이해가 간다.

우리 문화에서 휴식을 취하고 잠을 자는 것은 허슬 컬처의 필수적인 요소가 아니라 뒤처지고 게으른 면을 보이는 것으로 간주된다. 성공이라는 목표를 향해 나아가고자 할수록 휴식이

뺄 수 없는 필수 요건이라는 사실은 쓰디쓴 역설이다. 그리고 이 사실은 번아웃을 겪은 많은 직장인들이 불가피하게 알게 되는 사실이기도 하다.

휴식을 취하지 못하고 일에 열중하다가 결국 몸이 거부하면 속도를 늦출 수밖에 없다. 너덜너덜해질 때까지 몸을 혹사하고 회복이 필요하다는 신호를 무시하는 일이 얼마나 몸에 해로운지는 차치하더라도, 정신적, 지적 건강에 처절한 영향이 미치는 건 당연하다. 사실 이 부분에 관해 신경을 쓰는 일이 더 어렵게 느껴진다.

몸이 힘들면 종아리에 쥐가 나는 등의 신호를 보내지만, 정신적으로 지쳤을 때 뇌가 보내는 신호는 가령 자기도 모르게 같은 문장을 반복해서 읽는 것처럼 매우 사소하기 때문이다.

수면은 선택의 문제가 아니다. 공기, 물, 음식과 마찬가지로 생물학적 필수 조건이다. 우리가 왜 수면을 취해야 하는지에 대해 과학적으로는 이제 겨우 이해하기 시작한 수준이다. 하지만 잠을 자지 않으면 뇌가 기능하지 못한다는 점은 100퍼센트 확실하다.

2013년, 인지심리학자 비요른 라치Björn Rasch 연구팀은 뇌가 새로운 정보를 학습하고 기억의 형태로 저장하는 데 수면이 필수적인 역할을 한다는 사실을 입증했다. 잠을 자는 동안 뇌는 하루 동안 접한 새로운 정보를 검토하고 재생한 다음 필요할 때 더 쉽게 불러낼 수 있는 기억의 형태로 굳힌다.

밤에 제대로 자지 못한 다음 날, 평소보다 머리가 조금 느리게 돌아가고, 평소 같았으면 기억했을 것도 자꾸 잊어버리곤 하는 경험을 누구나 해봤을 것이다.

잠을 자지 않으면 미쳐버린다는 오래된 도시 전설이 있는데, 알고 보니 실제로 수면이 부족하면 헛것이 보이고 급성 정신 질환에 걸릴 수도 있다는 사실이 밝혀졌다.

또한 오랜 기간 동안 잠이 부족한 상태가 지속되면 알츠하이머와 같은 더 심각한 질환으로 이어질 수도 있다고 2018년 미국국립보건원 연구에서 밝혀졌다. 수면이 부족하면 결국 더 많은 비정상적인 단백질이 만들어져 뇌에 쌓이고, 플라크(지방, 콜레스테롤 같은 세포 잔해-옮긴이)를 형성해서 신경세포의 정상적 기능을 저해하기 때문이다. 나이가 들면서는 신경퇴행성 질환으로 이어지기도 한다.

잠든 순간을 이용해 학습한 내용을 굳히는 일 외에도, 뇌는 하루 종일 축적된 폐기물을 제대로 없애기 위해서도 깊은 휴식을 필요로 한다. 자는 동안 벌어지는 이런 종류의 '시설 관리'

활동 덕분에 푹 자고 일어나면 상쾌한 기분이 드는 것이다.

특히 글림프 시스템glymphatic system은 뇌의 대사 폐기물과 함께 뇌척수액을 빼내는 혈관 네트워크다. 이 시스템은 밤에 가장 효과적으로 작동하기 때문에, 잠을 자지 않으면 뇌에게 청소할 시간을 주지 않는 거나 마찬가지다.

알츠하이머나 파킨슨병에 걸리면 뇌가 꼬이고 뒤얽힌다고 말하는데, 그냥 비유가 아니다. 부정형 단백질이 신경세포 주변에 매듭처럼 엉겨붙어 기능을 방해해서 기억 손실, 운동 장애, 심지어 기분이 심하게 오락가락하는 증상 등을 야기한다.

양질의 수면을 취하지 못하면 글림프 시스템에서 청소해냈어야 할 물질이 뇌에 축적되는데, 수면 부족이 만성이 될 경우 결국 독성을 발휘할 수준에까지 이른다. 이보다 더 문제는 수면 부족 상태가 되면 잠드는 것이 점점 더 어려워질 수도 있다는 사실이다. 나쁜 수면 습관은 더 나쁜 수면을 낳으면서, 점점 더 빠져나오기 힘든 악순환을 만들어낸다.

하루만 잠을 잘 못 자도 바로 악영향이 드러난다. 그 정도는 정상 범주 안이고 누구에게나 일어날 수 있는 일이므로 금방 부족한 잠을 보충해서 몸이 균형을 다시 찾을 수 있도록 하면 걱정할 필요가 없다.

미국국립보건원의 에산 쇼크리-코조리Ehsan Shokri-Kojori와 그의 동료들은 하룻밤 숙면을 취하지 못하면 뇌의 오른쪽 해마와 시상에 단백질 응집이 5퍼센트 증가한다는 연구 결과를 발표했다. 이 정도의 응집이면 다음 날 짜증이 나기 쉽지만 그날 밤에 잠을 잘 자고 나면 없어지기도 한다.

반면 양질의 수면을 취하지 못하는 날이 계속되면 인지 수행 능력, 기분, 심지어 면역 체계까지 손상될 수도 있다. 2009년에 실시한 한 실험에서는 수면 부족이 감정과 두뇌의 보상 체계에 영향을 준다는 것이 밝혀졌다.

요약하자면, 수면이 부족한 사람은 '보상'을 주는 자극에 더 민감해져서 격앙된 감정으로 반응한다. 이는 중독적 혹은 반복적 행동, 비이성적인 행동 또는 우리가 보통 감정 장애와 연관 짓는 증상들로 이어질 수 있다.

잠이 부족한 채로 시간이 지나면 인슐린 민감도도 떨어져 비만과 당뇨의 위협을 받고 혈중 당 수치 조절 능력은 약화된다.

이토록 부정적인 결과를 초래하는 수면 부채(필요한 만큼의 수면을 제때 취하지 못해 부족한 잠이 몸에 누적되는 현상-옮긴이)를 우리는 과연 완전히 청산할 수 있을까?

몇 주, 몇 달이 걸릴 수도 있는데다 수면 전문가 엘레나 위넬Elena Winnel에 따르면 청산할 수 있는 수면 시간은 20여 시간에 불과하다고 한다. 결국 수면의 양과 질을 계속 희생하면 뇌를 반영구적으로 손상된 상태로 몰고가는 것이나 마찬가지다.

수면은 의학계에서 상대적으로 별다른 연구가 이뤄지지 않았던 분야였지만 이제는 건강과 웰빙에서 빼놓을 수 없는 중요한 부분으로 받아들여지고 있다. 피할 수 없는 진실은 바로 이렇다. 수면은 건강한 삶의 기둥으로 두뇌뿐 아니라 몸 전체의 건강 유지에 필수적이다.

수면의 질을 높이는 일은 심각한 질환에 걸릴 위험도를 낮추는 데 그치지 않고, 매일을 성공적으로 살아갈 수 있는 최선의 조건을 마련하는 일이기도 하다. 좋은 기분, 잘 돌아가는 두뇌, 충분한 양의 에너지는 어떤 일을 할 때 계속해서 최선을 다할 수 있도록 하는 최소한의 기본 조건이다. 그러니,

생산성을 향상해준다는 앱이나 팁 같은 건 잊어버려라.
모두 우리 뇌에서 더 많은 것을 짜내기 위해 만들어진 것들이다. 잠만 잘 자도 지금까지 자기에게 있는 줄도 몰랐던 엄청난 양의 에너지를 발견할 수 있다.

피곤하면 하던 일을 멈추고 뇌가 회복할 시간을 가져라.

몸이 너무 지치면 어떤 건강 보조제나 도구나 팁을 동원해도 그것을 제대로 활용할 에너지를 낼 수가 없다. 정공법이 아닌 교묘한 전략을 구사하는 대신 1시간 더 잠을 자는 쪽이 더 나은 수행 능력을 발휘하는 데 도움이 된다.

좋은 매트리스와 편안한 침구, 통기성이 좋은 잠옷에 투자하라.

수면 위생을 유지할 때는 식이 조절이나 운동과 비슷한 수준이 되도록 주의를 기울여라. 수면 위생이란 규칙적인 시간에 잠들었다가 깨어나고, 양질의 수면을 적어도 8시간 이상 취하며, 잠을 자는 공간에 주의를 산만하게 하는 소리나 빛이 들어오지 않도록 신경을 쓰는 생활 습관이다.

'취침 전 의식'을 가져보라.

매일 빠짐없이 저녁에 몇 분 정도 시간을 내서 하루를 마감하고 바쁜 하루를 보낸 두뇌가 긴장을 풀 기회를 주는 것이다. 명상, 요가, 따뜻한 물에 몸 담그기, 가벼운 독서, 두들링(이에 관해서는 나중에 좀 더 자세히!), 조용한 음악과 편안한 대화 등은 모두 긴장을 풀도록 도움을 주고 가장 효과적인 수면을 취할 수 있게 한다.

규칙적으로 낮잠을 자라.

일 중심 문화에 익숙해진 터라 낮에 1시간이나 잠을 자라고 하면 시간을 낭비한다는 생각에 죄책감부터 느껴지는 사람도 있을 것이다. 하지만 이제는 낮잠을 현명한 자기 돌봄이자 규칙적인 건강 습관으로 새로이 정의할 필요가 있을지도 모른다. 심지어 어떤 날에는 비상 대책으로 사용될 수도 있다!

말로는 다 표현할 수 없을 정도로 상태가 나쁜 날, 길게 푹 낮잠을 자고 난 후 기분이 확 좋아진 경험이 있을 것이다. 그저 잠시 한발 뒤로 물러나 상황에서 자신을 분리하는 것이 가장 효과적인 기분 전환 방법이었을 확률이 높다.

스페인어로 '낮잠'이라는 뜻인 시에스타siesta 문화를 생각해 보라. 스페인, 이탈리아뿐 아니라 심지어 아시아 일부 국가에서도 찾아볼 수 있는 이 낮잠 문화에는 시에스타 시간에 잠을 자든 자지 않든, 긴장을 푸는 기회를 가지고 나면 생산성을 높이는 것은 물론이고, 무엇보다 노동자들의 행복감을 증진한다는 사실에 대한 이해가 깔려 있다.

가끔은 하고 있는 일이나 해결해야 하는 문제에 관해 잠시나마 의식적으로 생각하지 않고 완전한 휴식을 취했다 돌아가면 오히려 쉽게 해답이 찾아지기도 한다.

2016년, 펜실베이니아 대학 준신 리Junxin Li 박사의 연구팀은 적당히 낮잠을 잔 성인들은 30분 이하 혹은 90분 이상 낮잠을 자거나 전혀 낮잠을 자지 않은 성인들에 비해 놀라울 정도의 인지 기능 향상을 보인 연구 결과를 발표했다.

이 연구뿐 아니라 낮잠 후 문제 해결 능력, 창의력 향상, 기억력 증진이 관찰된다는 연구 결과는 수없이 많이 나오고 있다. 밤에 숙면을 취하고 나면 기운과 열정이 넘쳐 세상과 맞닥뜨릴 준비가 된 느낌이 들 듯, 낮잠을 자고 나면 뇌가 필요했던 약간의 휴식을 취할 수 있어서 나머지 시간에 뇌 활동이 더 활발해진다. 한마디로, **낮잠은 전략**이다.

중요한 주의 사항이 하나 있다. 낮잠이 밤 수면을 방해해서는 안 된다. 너무 일찍이나 너무 늦지 않은 시간에 적절한 길이로 낮잠 시간을 제한해둘 필요는 있다. 점심 식사 후가 이상적이다.

선선하고 어두운 방에 들어가 눈을 감고 머리를 비워보라. 소음이나 필요 이상의 생각은 원하던 목표와 나와의 거리를 벌릴 뿐이다. 잠시 스마트폰을 멀찌감치 두고 걱정거리를 버려라. 전화든 걱정거리든 1시간 후에 되찾으면 된다.

매일 밤마다 잠드는 것이 힘들면 낮잠 시간을 줄이거나 이틀에 한 번씩만 낮잠을 자는 방법을 시도해보라. 매번 조금 다른 시간에 낮잠을 청하는 것도 유용할 수 있다. 다만 아침에 일어난 후 너무 금방이나 밤에 잠자리에 드는 시간과 너무 가까운 시간은 피하라.

낮잠 시간에는 그냥 잠만 자는 것이 아니라 잠시 벗어나 긴장을 푸는 시간을 충분히 만끽해야 좋다. 게으름을 피우는 것과는 거리가 먼 이런 습관은 생각을 가다듬고 감정을 정리하며 정신적, 생리적 안정을 취할 뿐 아니라 혼자만의 시간을 즐길 수 있는 기회를 제공해준다.

시간을 많이 들이지 않아도 자신을 돌보는 호화로움을 누리는 느낌을 가질 수 있다. 호흡 운동을 조금 하고 잠깐 시간을 들여 명상을 해보라. 창가에서 들려오는 새소리에, 밖에서 아득히 들려오는 자동차 소리에 귀를 기울여보라. 근육의 긴장을 풀고 숨을 들이쉬고 내쉬어라.

잠에서 깨어나면 삶과 분주함이 그대로 기다리고 있을 테지만 우리 뇌는 어느새 그 문제들과 맞닥뜨릴 준비가 돼 있을 것이다.

초록색을 곁에 둬라

자연은 놀라운 승수 효과(사용한 것보다 더 큰 효과를 내고, 그 영향이 점점 더 커지는 것-옮긴이)를 발휘한다. 우리가 눈치채지도 못하는 사이에 정신적 능력을 끌어올려준다.

우리가 더 푸른 초원과 더 양지바른 들과 더 건강한 숲을 찾아다니도록 진화를 한 것도 우연이 아니다. 자연의 극히 일부라도 곁에 두었을 때 우리에게 이로운 정신적 효과를 증명하는 연구는 수없이 많이 나와 있다.

그렇다고 해서 사무실에서 일하는 사람이나 그와 비슷하게 실내에서 업무를 봐야 하는 사람이 바로 직장을 그만두고 숲으로 가야 한다는 말은 아니다. 어디에 있는지와 상관없이 주변 환경을 잘 이용하면 된다. 이번 장에서 여러 번 말하지만, 어렵지 않게 일과에 포함할 수 있다.

멜버른 대학의 케이트 리Kate Lee 박사의 연구팀은 흥미로운 한 연구를 진행했다. 연구팀은 참가자들에게 온 정신을 집중하고, 세부 사항에 대한 깊은 주의력을 필요로 하는 길고도 지루한 활동을 오랫동안 수행하도록 요청했다.

시간이 절반 지났을 때 참가자의 절반은 40초 동안 휴식을 취하며 식물이 자라는 푸른 옥상 사진을 보게 했고, 다른 절반은 콘크리트밖에 없는 옥상 사진을 보게 했다. 과연 결과는 어땠을까?

지루하고도 주의를 요하는 임무를 하다가 초록 식물이 있는 옥상 사진을 본 참가자들의 집중력이 극적으로 향상돼 전반적으로 더 나은 임무 수행을 보이는 것으로 나타났다.

초록 식물이 있는 사진을 본 참가자들은 원기를 회복하는 느낌을 더 강하게 받았고, 반응 속도가 빨라졌고, 반응의 속도와 질이 오락가락하는 빈도가 적어졌으며 무언가를 빼먹는 실수도 덜 했다.

이것이야말로 바쁜 일상에서 가장 쉽게 실천에 옮길 수 있는 일이다. 자연 그림이나 포스터를 벽에 걸거나 심지어 스마트폰으로 자연 이미지를 슥슥 넘겨 보면서도 효과를 거둘 수 있다. 엽서 한 장 혹은 컴퓨터 화면 배경만으로도 충분하다.

알람을 맞춰놓고 잠깐 야외로 나가서 산책을 하면서 자연을 가까이에서 볼 수 있으면 더욱 좋을 것이다. 40초면 어떤 업무로든 다시 돌아갈 능력을 재정비할 수 있다.

이게 어떻게 가능할까? 우리 안에 내재한 무엇인가가 자연이 최고라는 사실을 무의식적으로 인식하기 때문에 가능한 걸까? 우리가 수천 년 동안 초록색에 둘러싸여 생존해왔기 때문에 그 색에서 본능적으로 위안을 얻는 걸까? 자연이 갖는 진정 효과는 정말 존재하는 걸까? 케이트 박사의 뒤를 이은 몇 건의 연구에서도 같은 결론이 나온 걸 보면 모두 사실인 듯하다.

눈을 찌르는 강한 조명이나 인공 조명은 어딜 가나 맞닥뜨릴 수 있다. 해가 뜨면 일어나고 해가 지면 자는 시절은 먼 옛날 이야기다.

우리가 살아가는 현대 사회에서는 최대한 많이 일을 하려고 시간과 스스로를 쥐어짜지만, 그렇게 일을 많이 하기에 환경이 최적화돼 있지 않을 때가 많다. 실제로 자연광을 받으며 일을 하는 것이 정신적 웰빙과 행복에 도움이 된다는 연구 결과가 다수 나와 있다.

노스웨스턴 대학에서 진행한 한 연구에서는 일터에서 햇빛에 노출된 시간과 노동자의 수면, 활동, 삶의 질 사이에 높은 연관성이 있는 것으로 나타났다.

연구에 따르면 자연광을 받으며 일을 한 사람은 하룻밤 평균 46분을 더 잤다. 이들은 자연광에 노출되지 않은 사람들에 비해 더 깊고 효율적인 수면을 취했으며 생활의 질도 높았다.

창문이 없는 환경에서 일하는 사람들은 햇빛이 드는 곳에서 일하는 사람들보다 건강과 활력 면에서 더 낮은 점수를 기록했다. 이들은 수면의 질이 낮아 자주 깨며, 낮에도 기분이 저조한 경우가 잦았다.

자연광은 정신적으로도 더 만족감을 준다. 자연광을 충분히 받지 못하면, 빛과 어둠에 따라 행동에 변화가 오는 반응을 가리키는 '24시간 주기 리듬'이 깨진다. 자연광이 부족해서 이 리듬이 깨지면 비정상적인 수면 패턴뿐 아니라 계절적 정서 장애까지 초래해 우울증과 무기력을 비롯한 다양한 증상이 생길 수 있다.

결국 자연광을 접하지 못하면 우리 몸의 생산성과 에너지가 상당히 떨어진다는 의미다. 가능하다면 작업 환경을 바꿔서 자연광에 최대한 많이 노출되도록 하자. 창문이 없는 사무실이라 변화를 꾀하기 어렵다면 자연광을 모방한 조명을 구입하는 것도 방법이다.

변화하는 업무 형태와 사무실 공간에 대해 이야기하는 책 《책임감 있는 일터The Responsible Workplace》에서는 자연광의 중요성이 강조되고 있다. 건물에 대한 근로자의 만족감에 영향을 주는 여러 요인 중 창문이 가장 큰 역할을 한다는 것이다.

자연광을 더 많이 접할 수 있도록 환경을 개선하면 근로자들의 행복감이 높아지고 근로 환경이 좋아져서 결근과 병에 걸리는 빈도가 낮아지는 결과를 낳는다. 거기에 더해, 조명이 좋아지면서 근로자 만족도가 높아져서 생산성도 높아졌다.

콜로라도 대학의 크리스토퍼 정Christopher Jung 교수는 자연광은 코르티솔 수치를 낮춘다는 연구 결과를 발표했는데, 이는 자연광이 들어오는 환경에서는 스트레스를 덜 받는다는 뜻이다. 자연광은 생물학적으로 호르몬 수치를 낮춰서 진정 효과를 낸다.

자연광이 이렇게나 장점이 많은데 최대한 햇빛을 받는 노력을 하지 않는다면 손해가 따로 없다. 그러니 은둔자처럼 일하는 것을 멈추고,

지금 바로 창문을 열어 햇빛을 받아보라.

정 그렇게 평소에 할 수 없으면 햇빛을 모방하는 램프라도 사서 자연광에 자신을 노출할 기회를 만들어라.

점심 시간에 산책을 하고, 가능하다면 창문 옆에 잠시라도 앉아 있고, 일하는 장소를 옮겨보라.

햇살을 받을 방법을 찾아 노력하면 기분이 나아진다는 걸 깨달을 것이다. (자외선 차단제도 잊지 말라.)

식물에 대해 알면 알수록 식물이 우리에게 얼마나 큰 혜택을 주는지 깨닫게 된다. 식물은 상당한 진정 효과를 발휘하고 스트레스를 줄여준다. 식물은 소음을 흡수하는 기능도 있다.

따라서 일을 하는 공간처럼 불필요한 소음이 있고 스트레스를 유발할 수 있는 곳에는 식물이 딱 좋다. 식물이 예뻐서든 그냥 실내 장식을 할 필요가 있어서든, 식물을 키우는 사람이라면 일석이조인 셈이다.

구석의 작은 화분이라도 주변에 식물이 있는 환경에서 일하는 것의 장점을 증명하는 연구가 다수 나와 있다. 그중 한 실험에서는 무작위로 식물이 많이 있는 사무실에 배치된 직원들은 식물이 전혀 없는 사무실에 배치된 직원들보다 더 좋은 성과를 냈다.

카디프 대학 심리학부의 말론 뉴웬하우스Marlon Nieuwenhuis 박사가 영국과 네덜란드에서 진행한 또 다른 연구에서는 식물에 대한 직원들의 반응을 다뤘다. 식물이 보이는 책상에서 일하는 사무직 노동자들은 공기의 질, 집중력, 일터에 대한 만족도 등에 대한 인식과 객관적 생산성 모두 향상됐다.

식물은 어떻게 우리에게 정신적 풍요와 성과를 가져다주는 걸까?

널리 알려진 바와 같이 식물은 산소를 뿜기도 하지만, 이산화탄소와 비교적 약한 독성 물질들을 빨아들이기도 한다. 바로 이 점 덕분에 사무실 공기가 더 깨끗하다는 느낌을 받는다. 실제로 공기의 질에 차이가 나든 나지 않든 상관없이 말이다.

그러나 식물이 정신 건강에 어떻게 그렇게 긍정적인 영향을 미치는지는 정확히 알려져 있지 않다. 어쩌면 그냥 무의식적인 반응일 수도 있고, 일터 바깥에 무엇이 있는지, 일을 다 끝내고 나면 무엇이 우리를 기다리고 있는지를 상기시켜주기 때문일 수도 있다.

어쩌면 신선한 공기를 들이쉬고 있다는 느낌이 들게 해주는 플라시보 효과 때문일 수도 있다. 어쨌든 식물의 긍정적인 효과는 부인할 수 없고, 식물을 곁에 두는 건 일상에서 쉽게 실천할 수 있는 일이기도 하다.

자연의 위력은 인터넷에서 가장 인기 있는 사진과 영상들에 관한 연구들에서도 찾아볼 수 있다.

사랑스러운 아기 판다와 새근새근 잠든 아기 고양이 사진을 들여보느라 수십 시간을 소비했대도, 그 시간이 결코 아깝지 않다는 연구 결과들이 (마침내!) 나왔다.

어쩌면 귀여운 아기 동물들의 사진을 보고 싶은 충동은 그동안 생각했던 것보다 그렇게 비생산적인 일이 아닐 수도 있다. 이제는 '시간을 낭비한다'는 죄책감을 내려놓을 수 있게 된 것이다. (예스!)

매우 적절하게도 〈가와이可愛い(かわいい)(예쁜 것을 좋아하는 일본 문화를 지칭할 때 쓰는 표현으로 귀여움 문화을 일컬어 말한다 - 옮긴이)의 위력: 귀여운 이미지는 조심스러운 행동과 집중력을 장려한다〉라는 일본의 연구 논문에서는 업무 중 귀여운 동물의 이미지를 보면 집중력이 높아지고, 더 꼼꼼해지며, 업무 능력이 전반적으로 향상된다는 결론을 내렸다.

연구를 진행한 히로시마 대학의 히로시 니토노Hiroshi Nittono 교수는 세 그룹의 학생들에게 몇 가지 임무를 수행하도록 했다. 학생들은 시각을 요구하는 임무부터 정교한 손놀림을 요구하는 임무까지 다양한 활동을 했다.

모든 그룹의 학생은 활동을 두 번 반복했는데, 처음에는 어떠한 사진도 보지 않은 채로, 두 번째는 다른 종류의 사진을 본 직후였다. 세 그룹이 본 사진은 각각 귀여운 아기 동물, 다 자란 동물, 음식이었다.

결과적으로 귀여운 아기 동물을 본 학생들은 다 자란 동물이나 음식 같은 중립적인 이미지를 본 학생들보다 실험에서 훨씬 더 좋은 성과를 냈다.

이 차이를 설명하기 위해 다양한 이론들이 제시됐다. 그중에는 유아나 강아지, 아기 고양이 등에게 천천히 부드럽게 말하는 인간의 행동 경향과 관련 있다는 추측도 있었다.

이 이론을 낸 과학자들은 아기 동물의 이미지를 바라본 학생들이 말뿐 아니라 행동도 느려지는 효과를 거둔 듯하다고 설명했다. 그래서 더 조심스럽게 주의를 기울여 임무를 수행했고, 다른 그룹보다 더 정확한 결과를 낼 수 있었다는 것이다.

새끼 동물을 보자 양육 본능이 발현됐을 거란 설명도 나왔다. 이 이론을 낸 과학자들은 양육 본능이 강해진 학생들이 누군가를 돌보듯, 신중하고 적극적으로 임무에 임해 더 좋은 성과를 냈을 거라고 추측했다.

그러나 이유를 밝혀내는 일은 혜택을 누리는 것만큼 중요하지는 않다. 이유야 무엇이든 이 연구는 임무 실행 전에 사진 몇 장을 보는 단순한 행동으로도 집중력과 주의력을 높일 수 있다는 것을 입증했다.

연구팀은 "귀여운 것을 보는 것만으로도 우리의 주의력이 향상된다면 지각할 필요가 없는, 보다 단순한 작업 능력 또한 좋아질 것"이라 말했다.

그동안 사무실 책상에 앉아서 몰래 귀여운 동물들의 사진들을 들여다보면서 자신이 비생산적인 일을 하고 있다는 사실을 숨기려 했던 사람은 앞으로 당당해져도 좋다! 자기도 모르는 사이에 생산성을 높이는 행동을 했을 뿐이다.

연필 한 자루와 껌을 사라

●

기계적 행동은 집중과 사고를 돕는 몸으로 하는 반복적인 활동으로 집중과 사고를 돕는다. 일상에서 실천할 수 있는 방법으로는 두들링과 껌 씹기가 있다.

① 두들링doodling

맞다, 두들링. 종이 조각에 끄적거리는 낙서, 강의 필기 대신 공책에 그린 희대의 명화, 책 모서리에 그린 졸라맨 같은 것 말이다. 학생 때 꾸지람을 들으며 끄적거렸던 두들링에는 우리가 생각하는 것보다 훨씬 더 유용한 기능이 있다.

플리머스 대학의 심리학자 재키 안드라데Jackie Andrade의 연구는 실제로 두들링이 기억력과 집중력에 효과가 있다는 사실을 보여준다.

참가자는 모두 똑같은 녹음을 듣되, 절반은 두들링을 하고 다른 절반은 하지 않도록 했다. 결과적으로 방금 들은 내용을 다시 이야기해달라는 요청을 받은 참가자들 중 두들링을 한 사람들이 하지 않은 사람들보다 훨씬 더 많은 내용을 기억했다.

두들링이 그냥 해찰하는 것처럼 보일지도 모른다. 집중해야 하는 일보다 당장 손으로 *끄적거리고* 있는 것에 주의를 빼앗길 수 있기 때문이다. 그러나 안드라데는 그렇지 않다며 이렇게 주장했다.

"사실 우리는 집중을 돕는 전략으로 두들링을 하는 것일지도 모릅니다. 자기가 두들링을 하고 있다는 사실을 인식하지도 못한 채, 그저 몽상으로 빠져들지 않기 위해 노력하는 걸지도 모르죠."

다시 말하면, 두들링은 해야 하는 임무에 집중하지 못하게 하거나 행동을 산만하게 만들지 않는다. 오히려 두들링은 별로 신경 쓰지 않고도 할 수 있는 무의식적인 활동으로, 생각이 엉뚱한 곳으로 둥둥 떠다니지 않도록 잡아두면서 두뇌의 나머지 부분은 정보를 흡수할 수 있도록 돕는 역할을 한다는 의미다.

이후 과학자들은 상대적으로 훨씬 더 많은 정신적 역량을 흡수해버리는 몽상과 달리 두들링에 필요한 에너지는 극소량에 불과해서, 당장 해야 하는 임무를 위해 집중력이 흐트러지지 않도록 한다는 가정을 계속해서 내놓았다.

두들링을 하는 데 극소량의 주의력을 기울인다 해도 사실은 그 덕분에 집중력을 유지하고 현재에 머무를 수 있고, 과도하게 길거나 고단한 임무 탓에 느끼는 권태로움과 짜증을 얼마간 덜어낼 수 있는 배출구를 얻는 효과가 있는 것이다.

또는 우리가 시각에 많이 의존하는 종이어서일 수도 있다. 놀랍게도 우리 뇌의 30퍼센트가 시각 정보를 처리하는 데 동원된다. 정보가 물밀듯 들어오는 동안 두들링처럼 시각적 활동을 하면 연상 작용으로 정보 처리에 도움을 받을 수도 있다.

미국의 작가 수니 브라운Sunni Brown은 두들링 찬미자로 잘 알려져 있다. 그녀의 연구에 따르면 두들링은 배를 붙잡아주는 닻과 같다. 긴 회의나 중요한 통화를 하는 동안 집중력을 유지하는 데 두들링이 도움이 된다는 뜻이다.

듣고 있는 말이나 떠오르는 생각을 반영하는 것들 위주의 두들링에 집중해보라. 두들링의 내용이 웃기거나 괴상해도 상관없고, 심지어 오가는 논의와 전혀 상관없어도 된다.

두들링은 우리가 모르게 생각이 다른 곳으로 흘러가버리지 않도록 돕기 때문에 나중에 그때 들은 내용을 얼마나 많이 기억해낼 수 있는지에 놀랄 것이다.

두들링이 자기에게 맞지 않는 사람은 시각적 자극에서 도움을 받는 원리 자체를 이용할 수도 있다. 아이디어를 내기 위한 브레인스토밍을 할 때 종이에 이미지나 도형을 최대한 많이 그려보라.

할 일이 많을 때는 '할 일 리스트'를 물리적으로 만들어 항상 보이는 곳에 붙여둬라. 혹은 공책과 펜을 늘 옆에 뒀다가 하던 일이 막힐 때 시각적으로 풀어보려 시도해보라. 시각을 이용해 생각을 정리하고 집중시켜 새로운 아이디어와 행동 방식을 도출해보는 것이다.

② 껌 씹기

어떻게 껌 씹기 같은 쉬운 행동이 집중력 향상에 도움이 되는 걸까?

영국의 심리학 저널 〈브리티시 저널 오브 사이콜로지〉에 실린 한 연구에 따르면 껌을 씹으면 주의 집중력과 관련 있는 전전두엽 피질에 산소 공급이 늘어나는 것으로 밝혀졌다.

이 영역은 집행 기능을 관장하는 것으로 알려져 있는데, 산소 공급이 늘어나면 더 기민해지고 반사 신경도 더 잘 작동한다. 혈액 공급이 증가하면 장기 기억력도 좋아져서 더 많은 정보를 저장하고 복구할 수 있게 된다. 공부를 하거나 업무에 필요한 새로운 것을 배울 때, 혹은 특별한 사항들을 기억하려 할 때 매우 유용하다.

껌은 또 혈액에 약간의 인슐린을 공급한다. 이런 식으로 혈중 인슐린 양이 소량 늘어나면 에너지가 보충돼 슬럼프에서 빠져나올 새로운 활력을 뇌에 공급할 수 있다.

껌을 씹는 것은 사실 정신적 업무 수행 능력을 굉장히 효과적으로 끌어올려준다. 무엇보다 좋은 것은 다른 정신 능력 촉진제와는 달리 껌은 부작용이 전혀 없다는 사실이다.

뇌 건강에 끼치는 껌의 효능에 관한 가장 최신 연구는 세인트 로렌스 대학의 심리학 연구팀에서 나왔다. 이들은 껌이 뇌에 미치는 효과를 시험하는 실험을 진행하고, 실제로 수행 능력이 향상됐는지를 조사했다. 실험은 다음과 같이 진행됐다.

159명의 학생들에게 매우 힘든 인지 과제가 주어졌다. 무작위로 불러주는 숫자를 듣고 거꾸로 말해보기, 어려운 논리 퍼즐 풀기 등의 과제였다. 참가자의 절반은 껌을 씹었고(일부는 무가당, 일부는 가당으로), 나머지 절반은 아무것도 씹지 않았다. (참가자는 무작위로 나눴다.)

여기서부터 흥미로워진다. 껌을 씹은 참가자들은 그렇지 않은 참가자들에 비해 6개의 실험 중 5개의 실험에서 더 좋은 성적을 올렸다. 한 가지 예외는 마지막 과제였는데, 정해진 범주

내에서 가능한 만큼 많은 단어를 말하도록 하는 언어 유창성 테스트였다.

한편 껌에 함유된 설탕은 언어 유창성 성적에 아무런 영향도 끼치지 못했다.

믿기 힘들지 몰라도 작업 도중에 어려움을 겪는 상황이라면 껌이 해답일 수도 있다. 업무에 다시 집중하기 위한 방법으로 시도해볼 수 있는 값싸고 쉬운 방법이다. 껌을 좋아하지 않더라도 그냥 한번 해본다고 나쁠 건 없다.

오랫동안 기피해온 산더미 같은 업무를 즉시 처리할 수 있게 된다는 뜻은 아니지만, 껌은 분명 다시 업무 모드로 돌아가 집중력을 발휘하는 데 어느 정도 도움이 될 수 있다.

손꼽아보는 습관

●

우리는 긍정적이든 아니든 우리 삶에 닥치는 일들이 다행이
라고 생각할 때 감사하는 마음을 떠올린다. 자기가 가진 것에
고마워해야 한다는 격언을 모르는 사람은 없지만 항상 마음에
새겨두고 지내진 않는다. 고마워할 일은 언제나 있기 마련인데
도 말이다.

우리는 주어진 상황이 무엇이든 별 노력 없이 금방 익숙해
한다. 사실 어떤 상황에서든 감사하는 마음을 가지려 노력하는
쪽이 더 힘들고, 현실적이지 못할 때도 많다.

차에 타서 열쇠를 돌렸는데 시동이 걸린 걸 보고 내연기관의
기적을 찬미해본 적이 있는가? 도심에 있는 공원을 산책하면
서 폭신한 깔창에 감사한 적이 있는가? 펀치나 스테이플러를
만든 기술과 그 편리함을 진정으로 감탄해본 적은?

지금 잠깐 무엇이든 고마운 마음이 드는 다섯 가지를 한 손
으로 꼽아보라. 큰 성과나 업적일 필요는 없다. 일상 속의 간단
한 것들도 좋다.

"숨 쉴 수 있는 깨끗한 공기가 있구나."

"나를 사랑하는 가족과 친구들이 있어."

"당장 오늘 밤에 누워 잘 수 있는 곳이 있잖아."

"볼 게 참 많은 시대에 살고 있네."

자, 그런 다음 절대 빈곤으로 기아에 시달리면서 하루하루 먹고살기 바쁜 사람의 처지와 자신의 상황을 비교해보라. 혹은 발을 절단해야 하는 지경에 이른 무용수 이야기나 그와 비슷한 불운하고도 끔직한 상황을 떠올려보라.

즉각적인 변화는 아닐지라도 자신이 처한 상황을 큰 그림 안에서 보고 그 상태를 받아들이려는 마음이 살짝이나마 들기는 했을 것이다.

원하는 것을 모두 갖지 못했을지는 몰라도(가진 사람은 아무도 없을 것이다), **당신의 삶도 꽤 괜찮은 삶이다.** 감사하는 마음이 천연 항우울증이라는 것은 과학적으로 증명된 사실이다.

무엇에 감사한 마음이 드는지를 생각하거나 스스로에게 그런 질문을 하면 쾌락 중추와 기분을 관장하는 신경전달물질인 도파민과 세로토닌을 분비하는 특정 신경 회로가 활성화된다. 그렇게 분비된 도파민과 세로토닌은 신경을 타고 두뇌의 '행복'

충추에 도착한다.

의사들이 처방하는 항우울제도 이와 동일하게 작동한다. 이 신경 경로를 더 많이 자극하면 할수록 회복탄력성과 차분함이 자연스러운 상태가 돼간다.

'헵의 법칙Hebb's law'에 따르면 함께 활성화된 신경은 서로 연결된다. 이 법칙은 우리 일상 곳곳에서 작동한다. 길이 나지 않은 숲 속을 산책할 때는 새로운 길을 내며 걷는 것이 어렵다. 그러나 같은 곳을 여러 번 다니다 보면 길이 점점 다져지며 넓어지고, 그 길을 따라 걷기가 점점 쉬워진다.

인간의 두뇌도 같은 원리로 작동한다. 어떤 신경 경로가 활성화되면 될수록 다음번에 그 경로를 활성화하는 데 드는 노력이 줄어든다. 감사하는 마음이 신경세포에 윤활유 역할을 하기 때문에, 이를 주제로 한 간단하고 짧은 명상을 날마다 규칙적으로 하면 긴장감을 해소할 수 있다.

고마워할 만한 것이 아무것도 생각나지 않을 때마저 감사하는 마음을 의식하고 자신을 들여다보는 것만으로도 강력한 화학적 변화가 일어난다. 이를 증명하는 연구들이 다수 나와 있는데, 그중 한 연구를 살펴보자.

2003년, 로버트 A. 에몬스Robert A. Emmons와 마이클 E. 맥컬

로우Michael E. McCullough는 〈축복을 헤아리는 것과 마음의 짐 사이의 상관관계: 일상에서 갖는 감사하는 마음과 주관적 웰빙에 관한 실험적 연구〉라는 논문의 연구를 진행했다.

두 과학자는 연구에 참가한 일단의 젊은이들에게 일기를 쓰도록 했다. 한 그룹에게는 날마다 감사한 마음이 드는 일들을 열거하도록 했고, 다른 그룹에게는 짜증이 난 일이나 자신이 왜 다른 사람들보다 잘 사는지를 열거하도록 했다.

감사 일기를 쓰는 그룹에게는 중요도와 상관없이 삶의 어떤 면에서든 감사한 마음이 드는 부분을 기록하라고 권하며 이렇게 요청했다. "우리 삶에는 크고 작게 감사할 일들이 수없이 많습니다. 지난 주를 돌이켜보고 아래 여백에 다행이다, 혹은 감사하다는 생각이 드는 일들을 최대 다섯 개까지 써보십시오."

짜증이 나는 일에 관해 일기를 쓰라고 한 그룹에게는 이렇게 요청했다. "신경질이 나거나 귀찮은 일, 자신을 짜증나고 화나게 하는 일들은 삶의 여러 방면, 예를 들어 인간관계, 직장, 학교, 주거 환경, 돈, 건강 등등 다양한 면에서 일어나 우리를 자극합니다. 오늘 하루를 돌아보고, 아래 여백에 그런 일들을 최대 다섯 개까지 써보십시오."

결과는 예상과 같았다. 감사 일기를 쓴 사람들의 결의, 주의력, 열정, 에너지가 모두 증가했다.

감사하는 마음을 가져보는 경험과 그 마음에 자극을 받아 하는 행동들은 사회적 관계와 우정을 쌓아올리고 강화한다.

감사하는 마음은 사랑의 한 형태로, 이미 형성된 애착의 결과이자 새로운 애착과 유대를 형성하는 전제 조건이기도 하다. 따라서 감사하는 마음은 영적 충족감을 강화하는 역할을 할 가능성도 높다.

감사하는 마음은 다른 긍정적 감정과 마찬가지로 어느 정도는 인지 범위를 확장하고 융통성 있고 창조적인 사고를 돕는다. 그러면서도 스트레스를 받는 어려운 상황에 대처하는 기능을 강화한다.

에몬스와 맥컬로우의 연구에서 영감을 받아 일기를 써보는 건 어떨까? 무엇이든 생각을 글로 옮기면 대부분 좋은 결과가 따른다.

고마운 일 다섯 가지를 적는 걸로 시작해보라.

자신을 기쁘게 하고 마음의 평화를 가져오는 것이 무엇인지 생각해보는 노력을 의식적으로 기울여보는 것이다.

나는 가졌지만 대부분의 사람이 가지지 못한 다섯 가지를 써보면 또 다른 시각을 가지게 될 수도 있다. 가끔은 반대되는 상황을 염두에 두는 것이 감사하는 마음을 잃지 않는 유일한 방법이 될 수도 있다.

이 일을 열흘간 계속 실천하라.

침대 옆에 일기장을 두고 잠들기 전 1분 정도 그날 미소 짓게 만들었던 일을 떠올려보라. 혹은 기분 좋은 일이 일어날 때마다 실시간으로 그 일을 스마트폰으로 기록하는 방법도 있다(이 기록은 우울한 날에 기분을 좋게 해줄 것이다).

'감사 파트너'를 찾아 그 사람과 감사 목록을 만들기로 약속하라.

매주 5분 정도 시간을 내서 목록을 서로에게 읽어주는 시간을 가지면 더 좋다. 원래 감사하는 마음을 떠올리기보다 유지하기가 더 어렵다. 작은 불편에 짜증을 내는 게 잘못은 아니지만 그런 작은 분노로 자신의 중심까지 흔들리도록 허락하는 건 바람직하지 않다.

누군가와 함께라면 감사하는 마음을 유지하기 더 쉽고, 그렇게 감사하는 마음을 꾸준히 유지하면, 그다음부터는 뇌가 스스로 알아서 우리를 행복하게 만들 것이다.

간단 정리

- 뇌 건강과 정신적 수행 능력을 꾸준히 높이려면, 할 수 있는 몇 가지 일을 날마다 하는 루틴으로 만드는 것이 좋다. 그 행동들을 종합적으로 실천하다 보면 정신 위생에 도움되며, 무의식적인 자연스러운 행동 패턴이 나타나는 경지에 이르면 그야말로 큰 혜택을 볼 수 있다.

- 우선 밤에 숙면을 취하는 것부터 시작하라. 숙면은 모든 것의 기초다. 잠을 자지 않으면 에너지를 얻을 수가 없고, 뇌는 다른 어떤 것에도 주의를 집중할 수가 없다. 특히 자주 낮잠을 자는 것은 승수 효과를 낸다. 일상에서의 수행 능력을 올려주거나 반대로 완전히 망가뜨릴 수 있는 촉매 역할을 할 수 있다는 의미다. 수면이 얼마나 중요한지 인식하고, 알았으면 거기에 걸맞게 대우하라. 수면이 부족하면 에너지 레벨은 물론 실제로 신경계에 문제가 생기고 언젠가는 그 값을 치러야 할 것이다.

- 놀랍게도(혹은 놀랍지 않게도) 자연 자체가 큰 힘을 가지고 있

다. 허리케인이나 지진과 같은 자연재해가 우리에게 끼치는 영향을 말하는 게 아니다. 그냥 초록 잎새들을 바라보는 것, 자연광에 스스로를 노출하는 것, 일터에 화분을 두는 것, 심지어 동물의 영상이나 동영상을 보는 것만으로도 막대한 혜택을 거둘 수 있다. 왜 이런 일이 벌어지는지 정확한 이유는 아직 밝혀지지 않았지만 과학계에서는 자연이 우리의 스트레스를 줄여서 우리가 집중을 더 잘할 수 있도록 만든다고 확신한다. 실로 자연은 우리로 하여금 주변 환경과 자기 자신에 대해 더 마음을 쏟아 주의를 기울이고 인식하려는 노력을 하게 만든다.

● 몇 가지 단순한 행동을 반복하는 것으로 집중력을 높이고 몽상에 빠지지 않게 하는 효과를 거둘 수도 있다. 생각을 하거나 말을 할 때, 두들링이나 껌 씹기와 같은 행동은 기억력과 집중력을 향상해준다는 연구 결과들이 나와 있다.

● 마지막으로, 날마다 감사의 마음을 가지는 습관을 들이면 행복감과 집중력, 심지어 에너지 레벨까지 향상할 수 있다. 이 장에서 다룬 여러 가지 다른 행동과는 달리, 감사하는 마음은 의식적

으로 마음을 다잡고 자신의 행동에 대해 생각하게 만든다. 그 결과 실제로 호르몬에 변화가 생기고 우리는 행복감을 느낀다.

4장.

인지력

진정한
상호작용의 힘

앞에서 살펴본 바와 같이 뇌 건강은 신체 건강과 매우 밀접하게 얽혀 있다. 하지만 그게 전부는 아니다.

우리 뇌는 우리를 둘러싼 세상을 이해하고자 하는 목표 하나만을 가진 경이로운 신체 기관이다. 그리고 그 세상에는 다른 사람들도 포함돼 있다.

어느 누구도 섬처럼 고립돼 살 수 없고, 어느 누구의 정신 건강도 타인과의 상호작용과 무관할 수 없다. 유대감은 건강한 정신의 기초다.

심리학자들은 이제 외로움, 우울감, 실연 등이 당뇨병이나 고혈압처럼 심각하게 생각되는 병만큼이나 우리를 쇠약하게 만들 수 있다는 사실을 이해하게 됐다.

사람은 사회적 동물이라서 우리의 정체성, 성취감, 기쁨, 인생의 목표 등의 큰 부분이 다른 사람과의 연결점에서 직접적으로 유래한다.

　건강한 정신과 인지 능력을 유지하기 위해서는 뇌 안의 신경들이 단단히 연결돼 있어야 할 뿐 아니라 다른 사람들과 사회적으로, 혈연으로, 낭만적으로 연결된 상태여야만 한다.

　그 '다른 사람'이 가족, 친구 혹은 공동체 전체가 됐든 아니든 상관없다. 스킨십을 하고, 사회적 관계를 형성하고, 다른 사람들과 시간을 보내는 것이 우리의 건강에 도움이 된다. 유대는 심지어 생존 확률을 높이는 데도 결정적인 역할을 해, 우리가 사회적으로 진화했다는 논리도 가능하다.

사랑이 깃든 스킨십

●

스킨십 중에서도 연인과의 주기적 성생활은 인지 건강을 유지하는 것과 상당히 큰 연관성이 있다는 연구 결과가 다수 나와 있다. 2010년에 발표된 한 연구에서는 수컷 쥐의 성적 활동이 신경 형성(두뇌의 성장)과 관련 있다는 것이 증명됐고, 2013년에는 날마다 성적 활동을 한 쥐들의 전반적인 인지 기능이 향상됐다는 연구가 나왔다. 쥐가 본능에 따라 움직이는 원초적 동물이기 때문이지 않냐는 사람들이 있을지도 모르겠다. 사실, 사람도 그닥 다르지 않다.

앞서 두 연구보다 더 최근인 2016년, 나이 든 성인 7,000명 이상을 대상으로 진행된 연구에서는 그 전해에 어떤 형태든 성생활을 한 사람들이 그렇지 않은 사람들보다 인지 검사에서 더 높은 점수를 기록했다. 이와 유사한 연구에서도 성적 활동이 기억력과 장기 기억 회상 능력 향상과 확실한 연관성이 있다고 밝혀졌다.

이 연구 결과들이 젊은이들이나 기억력 저하를 겪지 않은 사람들에게 어떤 의미가 있는지에 관해서는 논의가 더 필요하다. 또한 성생활과 상관없이 나이가 들면 어쩔 수 없이 기억력이 감퇴하기 때문에, 성적 활동을 한다고 해서 노화에 따른 기억력 감퇴를 완전히 예방할 수는 없다.

그러나 이 연구를 통해 더 활발한 성생활은 우리의 최저 기억 능력을 향상해준다는 것을 알 수 있다. 나이가 들면서 생기는 인지 기능 저하가 덜 두드러질 수 있다는 뜻이다.

이런 연구들이 흥미롭긴 하나, 어쩌면 훨씬 더 복잡한 현상을 표면적으로밖에 그려내지 못했을지도 모른다. 일부 요인을 제어하고 진행된 연구들에서는 정서적으로 만족스러운 성적 경험을 할 경우 인지 기능이 더 향상되는 것으로 나타났다. 앞에서 언급한 옥시토신과 옥시토신이 뇌에 끼치는 강력한 효과를 기억한다면 이런 결과가 그다지 놀랍지는 않을 것이다.

결국 성생활 자체로 두뇌 건강이 좋아지는 것이 아니라 그 활동이 당사자에게 갖는 더 넓은 의미가 그런 혜택을 가져온다는 해석이 가능하다. 건강하고 애정이 넘치며 상대방의 성취를 서로 돕는 관계의 파트너 사이에서 생기는 끈끈함이 더 효과적이고 인지적 혜택도 더 많다. 이 점에 대해서는 곧 더 자세히 이야기해보겠다.

다시 한번 강조하지만, **상관관계는 인과관계가 아니다.** 게다가 더 나은 인지 건강과 주기적인 성생활 둘 다를 가능케 하는 또 다른 제3의 변수가 존재하는지 여부에 대해서도 아직 완전한 이해가 이뤄지지 않은 상태다.

우리는 또 두뇌 건강을 최고의 상태로 만드는 성생활의 빈도에 대해서도 알지 못한다. 사람에 따라 다를 확률이 높기 때문이다. 그러나 한 가지 확실한 사실은 든든한 연인 혹은 반려자에게서 사랑받는 느낌은 온갖 신체적, 정신적 질환을 막아주는 든든한 보호막이 돼준다는 점이다.

수면 위생을 향상하거나 충분히 운동하는 일은 마음 먹고 노력하면 되는 일이지만 성생활은 그보다 훨씬 더 까다로운 일이다. 단순히 '좀 더 관계를 자주 가져라'는 권고 사항보다 조금 더 복잡한 일일 것이다.

다만 성생활이 개인의 전반적인 웰빙에서 중요한 부분을 차지하고 있다는 것은 과장이 아니며, 현재 상황이 만족스럽지 않다면 더 많이 신경 쓸 필요가 있는 건 사실이다. 연인이나 반려자가 있다면 스킨십의 빈도뿐 아니라 진심에도 주의를 기울이자. 성생활이 안겨주는 신체적, 인지적 혜택이 무엇이든 간에, 사랑이 가득한 만족스러운 경험을 갖는 쪽이 그저 좋겠거니 하는 막연한 희망을 품고 해치우는 쪽보다 훨씬 더 좋다.

이제 사랑이 깃든 스킨십, 성생활이 가져다주는 혜택을 살펴보자.

성생활의 만족도를 향상하면 관계를 강화하고, 전반적인 소속감과 세상과의 연계감을 높일 수 있다. 성생활은 엔도르핀이 솟구치고 약간의 심폐 운동이 되는 것 말고도, 다른 인간과 가장 심오한 방식으로 연결되는 기회를 자신에게 제공하는 일이며 자신감 진작에도 도움이 된다.

이를 뒷받침해줄 연구 결과는 아직 충분하지 않지만, 우리 모두의 안에 숨어 있는 본심은 연인과 함께하는 그 절정의 순간들이 그저 유희에 그치지 않고 여러 면에서 자양분이 되는 경험이라 믿고 있다.

춤을 출 때 자신을 잊거나 경이로운 자연에 감탄할 때나 명상으로 무아지경에 도달했을 때와 비슷하다. 성적 절정에 이르면 자아를 잊는 행복감에 젖어 모든 문제와 한계, 두려움, 의혹들을 잊고 만다.

이 과정에서 사랑하는 이와의 유대를 강화하고, 삶이 결국 따지고 보면 다른 이와 함께 음미하고, 즐기고, 공유하는 모든 순간이라는 점을 기억해낸다. 이보다 더 에너지를 주고 건강한 경험이 어디 있겠는가?

행복하고 주기적인 성생활에 최선을 다하라.

그렇다고 상대가 없으면 손해라는 의미는 아니다. 진정으로 감정적 유대를 형성할 수 있을 때에 진가가 나타난다는 의미다. 이런 유대감은 친구, 가족, 동료들과의 관계에서도 찾을 수 있다.

이쯤이면 포르노나 자위는 어떨까 궁금해지지 않는가?

포르노가 뇌의 물리적 건강뿐 아니라 전반적인 정신 건강에도 해악을 끼친다는 연구 결과가 갈수록 쌓이고 있다. 현실의 낭만적 관계를 해칠 가능성이 있다는 사실은 말할 것도 없다.

2019년, 과학 전문지 〈뉴로사이언티스트 뉴스〉에 실린 한 기사가 이 문제를 분명하게 짚었다. 포르노는 비판적 사고와 충동 제어를 관장하는 뇌 영역인 전전두엽을 약화하고, 뇌의 도파민 체계를 교란하는가 하면, 심지어 뇌 회로에 변화를 줘 우리를 더 미숙한 상태로 만들기까지 한다.

포르노는 신경화학적, 물리적, 행동학적으로 약영향을 끼치는 것이 확실하며 사회적, 심지어 영적 영향까지 있다고 주장하는 사람도 있다. 포르노에 기인한 성적 장애를 치료하는 정신과 의사 노먼 도이지Norman Doige는 이렇게 설명한다.

"포르노는 신경가소성 변화를 초래하는 전제 조건을 빠짐없이 모두 갖추고 있습니다. 포르노 제작자들은 계속 더 대담하고 새로운 테마를 도입해서 한계를 넓혔다고 주장하고, 그렇게 할 수밖에 없어요. 이미 나와 있는 콘텐츠에 소비자들이 내성이 생기고 있기 때문이죠."

포르노 중독은 성폭행, 도덕성 발달 장애, 우울증, 인간관계 파탄과 관련 있는 것으로 알려져 있다. 거기에 더해, 현실에서 타인과 자연스럽고 건강한 실제적 관계를 맺는 데 도움이 되는 인지 체계, 예를 들어 거울 신경 체계, 공감 능력을 파괴하고 옥시토신과 도파민 균형이 깨진다는 연구들이 나와 있다.

일주일에 3시간 포르노를 접하는 것만으로도 회백질 크기가 상당히 감소했다는 연구 결과도 발표됐다. 과학적으로 이보다 더 명확한 결론은 없을 것이다. 사랑이 깃든 건강한 성생활은 우리 뇌에 이롭고 포르노는 그렇지 않다.

소통하는 습관
들이는 법

●

사회적 동물들이 혼자 생활하는 동물들과는 다른 (그리고 더 큰) 두뇌를 가졌다는 사실을 과학자들이 발견한 것은 오래전의 일이다. 특히 포유류의 뇌 크기는 사회적 상호작용의 복잡한 정도와 상관관계가 있다.

이유는 뻔하다. 다른 사람의 의도를 이해하고, 이름을 기억하고, 다른 사람과 관계를 맺고, 싸우고, 플러팅을 하고, 뒷담화를 하고, 협상하는 일 모두 상당한 두뇌의 역량을 필요로 한다.

반대로 작동할 수도 있다. 인간과 같은 사회적 동물이 외롭거나 고립되면 정신뿐 아니라 신체적으로도 손상을 입는다. 우리 뇌는 복잡한 사회관계로 이뤄진 작은 그룹 속에서 진화했고 오늘날까지도 삶을 함께 살 친구, 연인, 가족들이 있을 때 더 원활하게 기능한다.

우리 뇌는 다른 사람들과 연결하고 관계를 맺도록 설계돼 있다. 건강한 사회생활은 면역력을 기르는 것과 같다. 생리적 면역 체계와 다른 점은 외부 환경에서 형성된다는 점뿐이다.

미국의 심리학자 오스카 이바라Oscar Yberra는 3,600명의 사회적 습관을 연구한 후, 사회생활이 비교적 활발한 사람이 전반적으로 더 좋은 인지 수행 능력을 보인다는 사실을 발견했다. 인지 기능을 높이고 두뇌를 최대한 활용하고자 하는 사람에게 이보다 더 명확한 메시지는 없다. 우리는 모두 누군가 필요하다.

외로움과 고립감은 위험하다. 그냥 느낌이 나빠서만은 아니다. 침잠된 기분과 소외되고 단절된 느낌은 우울증과 불안증의 자양분이다. 나이 든 사람의 경우 특히 직장에서 은퇴하고, 사회로부터 한발 뒤로 물러났을 때 인지 건강에 위기가 온다.

2008년에 진행된 한 연구에서는 나이 든 여성들 중 비교적 큰 사회적 집단에 소속된 사람들은 치매 발병 확률이 낮아진다는 것이 밝혀졌다. 이와는 반대로 쭉 혼자였거나, 사랑하는 사람이 세상을 떠났거나, 만성 질환과 싸우고 있는 경우 노화 현상이 빠르고 신경변성으로 인한 병이 더 쉽게 발병했다.

이 시점에서 '사회적 상호작용'의 진정한 의미가 무엇인지를 규정하고 넘어가는 것도 중요하겠다.

불행하게도 요즘 우리는 디지털 기술과 성장하면서 삶의 많은 부분을 온라인으로 옮겨왔고, 현실과 비현실 간 구분이 어려운 지경에 이르고 말았다. 소셜 미디어의 사용과 정신 질환 사이의 연관성을 증명하는 연구는 수두룩하다.

좋아하는 사람과 진정한 상호작용을 추구하라.
직접 만나 나누는 자연스러운 실시간 대화는 푸른 빛을 뿜어내는 화면 속 알고리즘이 골라주는 정적 이미지보다 훨씬 가치 있다.

지금 자신의 사회생활을 더 건강하게 만들 필요를 느끼고 있다면, 시간이 좀 걸린다 해도 의미 있고 오래가는 유대감을 공유할 사람을 찾아야 한다. 종횡무진 설치고 다니면서 광란의 시간을 가질 필요는 없다. 그저,

모든 사람을 친절하게 대하라.
주변 사람들에게 흥미를 갖고 공동체 행사에 참여하라.
눈이 마주친 사람에게 미소를 지어 보여라.
문자보다 만남을 우선시하라.
자원봉사를 하거나 자선단체에서 일해보라.

나와 완전히 다른 사람과 이야기해보라.

내 세상은 넓어지고, 내 뇌는 사회적 훈련을 할 수 있다.

맥 없이 집에 혼자 박혀 있는 일은 피하라.

조용히 혼자 시간을 보내는 것도 기운을 회복하는 데 도움은 되지만 이왕이면 누군가와 함께 있어라. 달리 방법이 없으면 카페에 가서 다른 사람들에게 둘러싸인 채 앉아 있어라.

사람들의 생일과 사소한 점을 기억하도록 노력하라.

연인이 있다면 다양한 데이트를 시도해보라.

온라인 데이트 앱에 의존하지는 말라.

지금 바로 가족들과 친구들에게 전화를 걸어보라.

우리 뇌를 단순한 기계로만 간주하면, 뇌가 오직 정보를 처리하고 조작하는 일만 한다고 생각하기 쉽다. 그러나 그 '정보'의 많은 부분은 사실 본질적으로 감정적인 것이다.

우리 뇌를 작은 컴퓨터로 여기면 뇌가 해내는 일들이 무한하다는 사실을 잊게 된다. 그림을 그리고, 친구를 사귀고, 농담을 하고, 사랑을 하고, 변명을 하는 일들 말이다.

뇌는 단순히 용량이 큰 CPU가 아니라 개인의 인성이 발현되는 공간이며, 과거를 기억하고 미래를 예측하는 도구이자 시와 음악을 창조해내는 펜이자 현이다.

과거에는 스도쿠나 십자말풀이를 하는 것만으로도 뇌를 활발하게 만들기에 충분하다고 생각했다. 우리 뇌를 수학과 논리를 위한 계산기로 봤기 때문이다.

그러나 사회적으로 고립된 채 신체가 건강하지 못하며 나쁜 생활 습관이 있고 삶의 목표나 방향성을 갖지 않은 사람은 제아무리 지능이 높고 수많은 퍼즐이나 뇌 훈련 게임을 한다 해도 인지 기능이 건강할 수 없다.

아이러니하게도 두뇌 건강을 증진할 수 있는 가장 좋은 방법은 두뇌를 빼고 다른 모든 면, 다시 말해 사회생활, 인간관계, 운동, 영양, 식습관 등에 주의를 기울이는 일이다.

개그맨은 머리가 좋다

●

'웃음은 만병통치약'이라는 격언이 있다. 과학자들은 이 개념을 실증적으로 검증하려는 시도를 했고, 그 결과 유머 감각을 발휘하는 것이 인지 건강, 특히 노인들의 인지 건강에 좋다는 결론을 내렸다.

한 실험에서는 참가자들을 반으로 나누고 실험 집단의 참가자들에게만 재미있는 영상을 20분간 보여줬다. 많이 웃은 실험 집단의 참가자들은 그 영상을 보지 않은 비교 집단의 참가자들보다 기억력 테스트에서 더 좋은 성적을 보였고 그들의 코르티솔 수치도 떨어졌다. 놀라운 일도 아니다.

웃으면 혈압이 떨어지고 코르티솔 수치가 줄어드는 동시에 뇌에 도파민이 분비돼 기분이 즐거워진다. 웃음은 일상적으로 스트레스를 주는 일들을 제어할 수 있도록 돕고, 면역 체계를 강화할 뿐 아니라 다른 사람들과 함께 웃으면 사회적 유대감을 강화할 수 있다. 오늘 당장,

코미디 영화 티켓 2장을 예매해라.

누군가와 함께 같은 걸 보고 같이 웃는 것이다.

불운한 일은 웃어넘겨라.

관점을 바꿔 웃어넘길 줄 아는 능력은 일상에서 겪는 어려움과 불확실성에 대처할 수 있는 회복탄력성을 놀라울 정도로 강화해준다.

조금 우스꽝스럽고 흐트러진 모습을 가져보라.

삶이 끊임없는 고군분투의 연속일 필요는 없다. 우스운 장난으로 친구를 골탕 먹이거나 당해도 보고, 좋아하는 사람과 간식을 먹으며 게임도 해보라. 편한 마음으로 웃음을 터트리는 것이야말로 최고의 명약이다.

지금까지 사랑하는 사람과의 스킨십, 가족이나 친구, 공동체 구성원들과의 유대, 가끔 긴장을 풀고 웃는 것에 관해 살펴봤다.

이 모든 것은 우리가 세상의 일부라는 느낌을 갖게 하고 스트레스를 해소해 두뇌가 제대로 돌아가게 해준다.

그리고 여기, 보너스처럼 우리 주변의 사람들과 관계를 맺는 또 하나의 방법이 있다. 평소에는 자주 떠올리지 않는 대상이기도 하다. 바로 우리 조상들이다.

선조들을 생각하면 깊이 보인다

●

현대 사회에서 살아가는 대부분의 우리는 인생의 깊은 의미, 목적, 우리가 더 큰 무언가의 일부라는 감각을 찾는 데 어려움을 겪고 있다. 미래와 그 미래에 기대되는 목표, 이상에 집중한 나머지 과거는 쉽게 잊고 만다.

세계화와 함께 사람들은 이전에 찾아볼 수 없이 큰 규모와 속도로 이민을 떠나고 있고, 우리는 점차 고국의 전통, 가족, 선조의 역사라는 기반을 잃어버리게 되었다.

그리고 슬프게도 사람들은 완전히 혼자라는 외로움과 공허함, 자신이 '어디에서 왔는지' 모르고 정처 없이 떠도는 느낌에 시달리게 되었다.

수많은 문화인류학자가 이전 세대가 공유했던 문화적 전통이 사라지고 커다란 구멍이 생겼다며 지적하는 가운데, 우리는 그 구멍을 대중문화와 셀럽들에 대한 집착으로 채우고 있다.

개인주의적 사회, 특히 서구 사회에서는 자신의 '퍼스널 브랜드'를 구축하고, 부를 쌓고, 소비 생활에서 정체성을 확립하

는 데 큰 힘을 쏟는다. 그러면서 자신과 주변의 작은 사회 밖의
일에는 거의 관심을 두지 않는다.

하지만 우리의 정체성과 존재 감각의 큰 부분은 문화적 유산
에서 온다. 우리 이전에 살았던 사람들을 이해하지 않는다면
어떻게 자신이 누구인지를 이해할 수 있단 말인가? 우리를 만
들어낸 문화를 이해하지 않고 어떻게, 그 문화와 유전자를 물
려준 사람들을 이해하지 않고 어떻게 자신이 누구인지 이해할
수 있단 말인가.

그러나 또 다른 진실은 이렇다. 세상이 아무리 복잡하고 사
무적이며 기계가 지배한다 하더라도 우리는 모두 자신이 누구
인지, 어디서 왔는지, 어디로 가는지를 절실히 알고 싶어 한다.

조상을 과거의 유물로 취급하기는커녕 그들에 대해 알아보
고 관심을 가지는 일이 어느 때보다 인기를 끌고 있다. 셀럽들
이 출연해 자기 가문의 비밀스러운 역사를 밝히는 프로그램이
나 수백 년을 거슬러 올라가 조상이 원래 어디에서 왔는지를
알아보는 DNA 테스트 상품들이 유행하는 것도 이런 현상을
반영하고 있다.

후성유전학(DNA 염기 서열은 그대로인 채 나타나는 유전자 기능

의 변화가 유전되는 현상을 연구하는 학문-옮긴이)이 점점 더 복잡하고 섬세하게 발전함에 따라 우리는 어떻게 조상들의 경험이 DNA에 새겨져서 후대에 전해졌는지를 이해하기 시작했다.

자기와 꼭 닮은 사람들이 등장하는 오래된 가족 사진을 들여다볼 때 드는, 말로 표현하기 힘든 느낌은 우리 모두를 겸손하게 만들곤 한다. 우리와 비슷한 사람들이 이전에 태어나고 살고, 배우고, 사랑하고, 극복하고, 죽음을 맞이했다는 이야기가 담겨 있는 사진이 아닌가.

이런 센티멘털한 생각만으로도 우리를 산만하게 만드는 일상의 사소한 문제들은 잠시 물러나고 삶의 무게와 의미가 다가온다.

2011년, 흥미로운 실험 결과 하나가 발표됐다.

실험에 참가한 일부 학생들은 조상에 대해 생각해보라는 요청을 받았다. 결과적으로 그 학생들은 시험을 잘 볼 수 있다는 자신감과 전반적으로 자신의 삶의 잘 제어하고 있다는 느낌을 더 강하게 느꼈다.

이 학생들은 다양한 지능 및 인지 검사에서 더 좋은 성적을 보였을 뿐 아니라, 검사를 하는 과정에서도 더 낙관적이고 포기하지 않는 태도를 보였다. 마치 조상들에게도 자신과 비슷한 문제가 있었고, 그들은 그걸 극복해냈다고 생각하는 것만으로도 자기도 그렇게 할 수 있다는 자신감을 갖게 된 듯했다.

심지어 부정적인 태도로 조상을 떠올린 학생들마저도 이른바 '조상 효과'를 본 것으로 드러나서, 조상들이 정확히 어떤 인물인지보다 존재 자체가 긍정적인 효과를 낸다는 결론을 내릴 수 있었다. 다른 것을 떠올리라는 요청을 받은 학생들은 결과가 그만큼 좋지 않았다.

조심스럽게 해석할 필요는 있지만, 우리가 스스로 더 전체의 소중한 일부라고 확신할 때 우리 뇌도 더 원활하게 기능한다는 의미의 연구 결과인 것은 확실하다. 또한 그 확신을 음미하고 내재화할 수 있는 활동이면 모두 비슷한 효과를 보일 가능성도 있다.

자기가 세운 목표에 집중하지 못하고 삶이 괴로운 순간에는 잠시 조상들을 떠올려보라. 그리고 내 삶에 관해 생각해보라: 남과 다른 내가 오늘 여기 있게 되기까지 내게 벌어져야 했던 모든 일에 관해, 수많은 다름에도 불구하고 나는 내 '핏줄'과 공통점이 얼마나 많은지에 관해, 연쇄적으로 벌어진 하나하나의 일에서 내가 취한 행동들에 관해, 선조들의 이름이나 그들의 이야기를 알지 못한다 하더라도 가족의 유산을 어떻게 이어갈 수 있을지에 관해.

이런 식의 사색이 인지 능력을 잠시 높여주기도 하지만, 그 혜택은 훨씬 더 깊은 곳까지 미친다.

단순히 두뇌의 역량을 늘리는 데 그치지 않고 자아에 대한 감각을 강화해 삶을 단단하게 살아가는 사람으로 만든다. 그저 그런 개인이 아니라 과거와 가족과 무리와 공유하는 이야기를 지닌 '관계적' 존재로서 땅에 굳게 발을 디딘 사람으로 말이다. 그러니,

나의 존재가 어디서 왔는지를 알고 존중하고 인정할 수 있는 방법들을 찾기 위해 노력하라.

선조들이 이 땅에 도착하기 전에 무슨 일들을 겪었는지에 관심을 기울여보라.

가능하면 더 자세히 알아보고 자신의 계보를 더 직접적으로 조사하고 가계도의 빈 구멍을 채우려 노력해보라.

어른에게 지난 일들을 이야기해달라고 부탁하라.

선조들이 이제는 이야기로만 존재하지만, 언젠가는 나도 이야기로만 존재하게 될 것이라는 사실을 제대로 실감해보는 것

이다. 역설적이게도 이런 깨달음과 함께 오는 겸손한 마음은 믿을 수 없을 정도의 해방감과 용기를 줄 것이다.

간단 정리

- 정체성은 무에서 창조되지 않는다. 정체성은 자신의 배경, 문화, 성장 과정에 크게 영향을 받는다. 이는 모두 인간이 가진 사회적 성격의 여러 부면이다. 다시 말해 인간은 사회적 동물이며, 우리가 건강을 누리고 행복감을 느끼는 데 다른 사람들이 필수불가결하다는 의미다. 뇌에도 똑같은 논리를 적용할 수 있다.

- 성생활은 인지 기능뿐 아니라 삶에 대한 전반적인 만족감과 행복감을 증진한다. 그러나 성생활 자체만으로 두뇌 건강이 향상된다는 확실한 근거는 없다. 그보다는 행위에 동반되는 정서적, 사회적 유대감, 지지의 감정과 큰 연관성이 있을 가능성이 높다. 어찌 됐든 자연스럽고도 원초적인 인간의 충동을 삼가는 것은 해로운 일이다.

- 큰 그림으로 볼 때 사회 활동과 상호작용은 정신 기능을 높여주고 노인들의 인지 저하를 늦춰주는 것으로 드러났다. 그렇다면 이런 활동은 얼마나 해야 적당할까? 사람마다 차이가 있고 스스

로 결정할 문제지만, 주변만 둘러봐도 사회적 상호작용의 기회는 많다. 충분한 사회적 상호작용은 수면 위생을 잘 지키는 것과 비슷한 정도의 영향력이 있다고 해도 과언이 아니다.

● 늘 심드렁하게 보게 되는 공익 광고 카피 같은 "웃음이 보약"이라는 말은 짜증나게도 사실이다.

● 의외로 조상들에 대해 생각하는 일이 우리 뇌에 상당히 이롭다. 잠깐 멈추고 나보다 이전에 세상을 살았던 선조들에 관해 생각하는 것만으로도 인지 기능을 향상할 수 있는 것으로 드러났다. 이유는 무엇일까? 이런 사색은 사회적 활동이지만 상호작용은 아니다. 하지만 동시에 큰 그림 속에서 자신을 파악해보고 자신감과 겸손함을 가질 수 있게 해주는 경험이다.

5장.

생체
리듬

적절함의 미학

잠시 하던 일을 멈추고 사색하면 세상과 그 세상 안의 자신에 대해 많은 것을 배울 수 있다. 무엇에 대해 사색하느냐고? 자연에 대해!

　잠시만이라도 자연을 관찰해보면 모든 것이 저마다의 리듬으로 물 흐르듯 순환한다는 걸 알 수 있다. 왔다 갔다를 반복하면서 돌아가지만 매일 다른 모습이다.

　겨울이 가면 봄이 오고, 잠들었던 동물들이 깨어나고, 흙을 뚫고 새 생명이 자라났다가 다시 죽어 흙으로 돌아간다. 말하자면 자연에게도 시간을 내서 쉬고 긴장을 풀며 '아무것도 하지 않는' 기간이 있다.

　의식적으로 수면과 회복, 정적인 시간을 루틴에 포함하는 일이 얼마나 중요한지 그 이유를 이미 논의한 바 있다. 우리 뇌에 좋기 때문이다!

휴식의 장점은 휴식을 한 후 우리가 얼마나 더 생산성을 높였는지로 측정될 때가 많다. '낮잠을 자면 효율성이 높아진다' '다음 날 체육관에서 운동을 더 열심히 할 수 있도록 8시간은 자라' '산속에 들어가 휴식을 취하고 돌아오면 따분한 사무실 업무에 최선을 다할 수 있다' 등등의 이야기들이 그 예다.

하지만 휴식은 다른 목적이 아니라 휴식 자체를 위해 즐길 가치가 있는 활동이다. 가끔은 일부러 힘을 빼고 목표 위주의 활동을 내려놓아라. 그저 자기 자신으로 존재하는 데 초점을 맞추고 세상이 우리에게 다가오는 것을 허락하는 것이다.

이것이 바로 깊은 휴식의 정수다.

휴식이 어떤 모습이어야 하는지에 매달리지 않고 몸과 마음을 모두 내려놓는 것,
정적과 부드러움과 고요함을 포용하는 것.

차분함을 되찾고 긴장을 완전히 푸는 일은 집중을 하고 결의를 다지는 능력을 기르는 것만큼이나 어렵다. 심지어 A형 인간

(성격을 A와 B 두 부류로 나누어, A형 인간은 경쟁심이 강하고, 계획적이며, 야망이 크고, 참을성이 없고, 시간을 잘 지키고, 공격적인 성향으로 규정한 이론-옮긴이)들에게는 더 어려울 수도 있다.

음악에는 음표뿐 아니라 쉼표도 필히 있어야 하듯, 잘 사는 삶에는 활동성과 비활동성 간 균형이 잡혀 있어야 한다. 그렇지 않은 삶은 음악이 아니라 혼란스러운 소음에 불과하다! 동시에 이 **아무것도 하지 않음**은 뇌 능력을 촉진하는 데도 여러 면에서 유용하다.

아무것도 하지 않아 찾아오는 고요함과 차분함은 두뇌 건강의 가장 큰 적 중 하나인 스트레스와 정반대의 상태다. 이 현상에 대해 명확하고 구체적으로 알고 싶다면 외상 후 스트레스 장애PTSD로 고통받는 참전 용사나 트라우마 희생자들의 삶이 얼마나 부정적인 영향을 받고 있는지 보면 된다. 이들은 팽팽한 긴장을 늦출 수가 없고, 불안감과 공포 때문에 의지와 상관없이 느닷없이 폭발하듯 반응해 일상생활이 어려울 정도다.

스트레스가 두뇌 건강과 정신 능력에 엄청나게 부정적인 영향을 미친다는 연구 결과는 수없이 나와 있다. 이는 많은 부분 스트레스에 대한 신체의 생리학적 반응 때문이다. 먼저 스트레스의 대표적 두 형태인 만성 스트레스와 급성 스트레스의 차이를 짚고 넘어가자.

만성 스트레스

만성 스트레스는 비교적 오랜 기간에 걸쳐 계속적으로 스트레스를 받는 상태를 말한다. 끊임없이 과중한 업무에 시달린다거나 연인과 자주 싸운다거나, 비교적 사소해 보이는 상황도 만성 스트레스를 야기할 수 있다. 그때그때는 별거 아니라 생각하기 쉽지만 자질구레하게 받은 스트레스가 누적되면 어느새 항상 긴장해 있고, 짜증을 부리고, 어깨 근육이 뭉쳐서 늘 두통에 시달리는 자신을 발견하게 된다.

정도는 사람마다 많이 다르고 각자 참아낼 수 있는 범위도 다르지만 만성 스트레스는 우리 몸을 생리적 각성 상태에 들어가게 만든다. 이를 '투쟁/도주 반응'이라 부르는데, 스트레스 요인이 존재할 때 우리 몸의 주요 방어 기제다.

수천 년 전, '투쟁'과 '방어'는 단어 그대로였다. 우리는 스트레스를 받으면, 다시 말해 두려운 존재를 감지하면 둘 중 하나를 선택했다. 최고 수준의 각성 상태로 들어가서 죽음을 각오하고 싸우거나, 필요하면 빨리 도주를 준비하거나. 어느 쪽이 됐든 스트레스 호르몬인 코르티솔이 대거 분비돼 혈압을 높였고 심장 박동은 빨라졌다. 다시 말하면, 만성 스트레스는 몸이 계속적으로 각성 상태를 유지하면서 생리적으로 흥분해 있도록 만든다.

말 그대로 투쟁하거나 도주하지 않아도, 만성 스트레스 상태에 있으면 계속해서 대량의 코르티솔이 몸 전체를 휩쓸고 다닌다. 그렇게 되면 몸이 느슨하게 긴장을 푸는 '항상성' 상태에 이르기 매우 힘들다. 불행하게도 코르티솔은 위험을 분석하고 비판적 사고를 하는 데 총력을 기울이느라 다른 정신적 능력을 약화한다. 이는 육체적으로, 정신적으로 지치는 일이자 두뇌를 움츠러들게 만드는 결과를 낳는다.

만성 스트레스가 일상이 된 사람은 정작 자신이 어떤 상태인지 깨닫지 못할 수도 있다는 사실이 문제를 더 어렵게 만든다. 어깨 근육이 완전히 굳어 있는데 그런 줄도 모르고 있다가 누군가 지적하면 그제야 어깨 근육이 긴장하고 있었다는 걸 깨닫는 것과 비슷하다.

끊임없이 경계 태세를 늦추지 않고, 편집증을 보이면서 집중을 하지 못하고, 절망감과 압도당한 느낌을 갖게 되는 상태는 결국 어떤 식으로든 탈이 난다. 며칠, 몇 주, 몇 달 내내 아드레날린이 솟구치는 상태로 산다고 상상해보자.

기억력과 뇌가 돌아가는 속도만 손상되는 것이 아니라 심신 전체가 제대로 기능하기 힘든 상태에 빠지고 말 것이다. 코르티솔이 꾸준히 과도하게 분비되면 전전두엽 피질과 해마의 신경세포들이 파괴되는 동시에 세로토닌의 양을 줄어들게 한다.

또한 만성 스트레스는 해마의 부피를 많게는 14퍼센트나 줄인다는 연구 결과가 나와 있다. 해마는 기억을 부호화하고 저장하는 역할을 하는 영역이다.

한 연구에서는 고양이에게 노출된 쥐들의 기억력이 스트레스로부터 부정적인 영향을 받은 것으로 조사됐다. 훨씬 더 자주, 일상적으로 고양이에게 노출된 쥐들은 간혹 입구나 출구를 찾지 못했다.

급성 스트레스

급성 스트레스는 가령 이런 상황에서 일어난다. 퇴근길에 차를 몰고 가는데 누군가가 갑자기 앞으로 끼어든다. 이때 충돌 사고가 날 뻔 했을 때 아드레날린이 순간적으로 솟구치는 상황 혹은 격한 언쟁에 휘말린 상황 등이다.

급성 스트레스는 갑작스럽지만 오래 가지 않고 자신이 스트레스를 받고 있다는 것도 쉽게 느낄 수 있다. 아드레날린이 혈관을 타고 온몸을 휩쓸어서 손에 땀이 나고 떨리기 때문이다. 몸이 우리에게 다가올 상황에 대비해 힘을 쓴 것이다.

급성 스트레스의 강도가 너무 심하면 두통이나 위통, 구토 등이 올 수도 있다. 이 상태가 오래가면 만성 스트레스다.

중요한 건 급성이냐 만성이냐가 아니다. 중요한 건 스트레스를 받을 때 두뇌 능력이 어떻게 되느냐다. 앞서 말한 뇌 신경은 오랜 시간에 걸친 단순한 반복으로 변화한다는 이야기가 기억날 것이다. 스트레스가 오랜 시간에 걸쳐 반복되면 우리 뇌는 어떻게 될까?

뇌는 효율적으로 정보를 처리하기 위해 가장 자주 활성화되는 회로를 주로 사용하는데, 오랜 시간 스트레스가 지속되면 스트레스에 맞춰진 회로가 두드러진 '스트레스성 뇌'가 만들어진다. 그럴수록 뇌는 원초적인 스트레스에 대해 가장 빠르게 반응하게 되고 신경 회로는 더 굳어지는 악순환이 생긴다. 그렇게 우리가 논리적으로 차분하게 생각할 수 있게 해주는 뇌 영역이 쇠퇴한다.

스트레스에 대처하는 방법을 논하기 위해서는 주기적으로

스트레스를 해소하는 일, 즉 휴식에 관한 이야기로 돌아가야 한다. 휴식이 어떤 형태여야 한다는 고정관념은 많이 있지만, 다른 무엇보다 정해진 규칙이 없다는 사실을 지금부터 살펴볼 것이다.

좋아하지 않는데도 스파를 가거나 영화의 한 장면처럼 욕조에 들어가 와인 한 잔을 마실 필요는 없다. 어떤 활동이든 긴장이 풀리고 평화로운 느낌이 들면 된다.

비디오 게임은
잘못이 없다

●

휴식을 이야기할 때 비디오 게임은 따뜻한 목욕의 대척점처럼 여겨질 때가 많다. 하지만 비디오 게임도 장점이 있다.

2017년 제네바 대학에서는 1인칭 슈팅 게임과 같은 액션 비디오 게임이 인간 두뇌에 미치는 영향에 대한 15년간의 연구를 집대성해 메타 분석했다. 그리고 외의로 모든 범주에서 인지 능력이 향상됐다는 결론을 얻었다.

게임에 대한 부정적 인식에도 불구하고 적당한 수준의 게임은 인지 능력을 높여준다. 우리 뇌가 슈팅 게임이나 퍼즐, 레이싱카 등 게임을 하는 데 필요한 다양한 임무를 수행하도록 만들어졌다는 사실을 고려하면 놀라운 일도 아니다.

실제로 측정된 특정 지표(공간 감각, 주의력, 멀티태스킹, 새로운 계획에 적응하기)를 보면 게임을 한 사람들은 그렇지 않은 사람들에 비해 표준편차 1.5 정도 차이(상당한 차이다)로 더 나은 것으로 나타났다.

성인과 어린이 모두 게임을 하면 논리력, 분석력, 운동 신경, 문해력, 집행 능력, 심지어 사회성까지 향상된다는 증거가 충분히 나와 있다.

1시간의 게임은 지각 능력, 기억력, 결정 능력 등을 높이고 노화와 함께 필연적으로 나타나는 신경변성 속도를 늦춘다. 또 충동적 성향을 약화하는가 하면 눈으로 정보를 처리하는 방식에까지 긍정적인 영향을 미칠 수 있다.

2009년, 미국의 인지심리학자 리처드 하이어Richard Haier와 그의 연구팀은 연구 참가자들에게 테트리스와 같은 단순한 게임을 소개했고, 불과 3개월만에 참가자들의 피질 두께가 더 두꺼워졌다.

어느 정도 고개가 끄덕여진다. 비디오 게임은 빠른 속도로 생각해서 문제를 해결하고, 동시에 수많은 정보에 주의를 기울이고, 그 정보를 처리하고, 합성하도록 만들지 않는가.

게임의 종류에 따라 다양한 반응과 비판적 사고, 문제 해결 능력 등을 훈련하고 연마할 수 있다. 재빠른 판단이 필요한 게임은 퍼즐을 풀고 단서를 짜맞추는 게임과 완전히 다른 방식으로 뇌를 훈련시킨다. 특히 롤 플레잉 게임은 행동 계획을 세우고 이야기 전개를 예상해서 여러 가능성을 탐색하도록 한다.

핵심은 비디오 게임을 하려면 근본적으로 엄청난 정신 능력과 집중력이 필요하고, 게임을 하는 동안 예리한 정신 상태가 유지된다는 사실이다.

우리 뇌의 가장 큰 특징이 보고 경험하는 것에 기초해 적응하는 능력이 뛰어나다는 점인 만큼, 게임이 우리에게 주는 혜택은 매우 많다. 다른 사람과 함께 게임을 하면 협동, 의사소통, 리더십 같은 기술까지도 연마할 수 있다.

비디오 게임은 고전적인 의미의 놀이라기보다 실제 세상에 적응할 수 있는 기술을 공부할 수 있는 작은 세계다!

하지만 이런 장점이 아무리 많다 하더라도 비디오 게임 중독은 다른 얘기다.

과학자들은 일주일에 최대 8시간 정도, 그것도 하루 이틀 사이에 밤을 새우면서 하는 것이 아니라 일주일 내내 비교적 고르게 시간 배분을 할 때 긍정적인 효과가 나타난다는 결론을 내렸다.

삶의 많은 경우가 그렇듯 핵심은 적절함이다. 건강한 수면이나 식사 패턴을 해칠 정도로 게임을 하거나, 주변 사람들과의 관계와 사회생활에 부정적인 영향을 줄 정도의 게임은 잠재적 장점을 모두 상쇄해버릴 것이다.

도파민을 이야기한 부분에서 이미 언급했지만, 게임을 하다 보면 중독적이고 집착적인 행동으로 변할 가능성이 있다. 모든 게임이 평등하게 만들어진 것은 아니다. 자신의 게임 습관을 솔직하게 돌이켜볼 수 있도록 다음 질문에 대답해보라.

계획보다 훨씬 더 오래 게임을 할 때가 많은가?

게임을 하고 나면 흥분이 가라앉기까지 오래 걸리는가?

게임 때문에 해야 할 일을 피하거나 미룰 때가 있는가?

게임 때문에 가까운 사람들이 당신에게 조언이나 불평을 늘어놓는가?

습관처럼 게임을 시작하고, 별로 재미없을 때도 그만하지 못하고 계속 하는가?

위 질문에 하나라도 '그렇다'고 답했다면 게임이 무해한 휴식의 수준을 넘어선 상태다. 앞에서 다룬 도파민 단식을 시도해서 게임 습관을 리셋하라.

우선 자신에게 솔직해야 한다. 우리는 주의를 산만하게 하는 것들로 가득한 과잉 자극과 중독의 세상에 살고 있다. 게임을 하는 사람이라면 게임이 자기 삶에서 실제로 어떤 역할을 하고 있는지를 정확하게 평가해봐야 한다. 왜, 어떻게 게임을 하는지 정직하게 판단해보라.

해야 할 일을 미루기 위해, 책임을 회피하기 위해, 현실을 직면하지 않기 위해서 게임을 하는 건 아닌가?

잠 못 드는 밤, 게임을 해야지만 긴장을 풀고 잘 수 있는가?

아니면 신경이 있는 대로 곤두선 반사회적 불면증 환자가 돼가고 있는 건 아닌가?

정말 스크린이 없으면 휴식을 취하고 긴장을 풀 수 없는가?

단, 주기적으로 나를 돌아보며 게임이 마취제나 도피처가 아니라 자기계발과 휴식의 도구로 사용되고 있는지 확인하라.

게임을 하기 전과 후의 느낌이 어떤지 자문해보라.

어떤 느낌이 드는지에 따라 책임감 있게 행동하라.

도피처에 가까웠다면 그 시간을 안정적인 정서를 위한 사회적 활동의 시간으로 만들어보라. 친구나 가족들에게 함께 게임을 하자고 제안해보는 것이다. 게임 시간을 제한하거나 게임의 종류를 바꿔보라.

잠깐씩 쉬며 자세를 바로 하라.

정크 푸드나 술처럼 건강에 나쁘거나 중독성 있는 다른 습관과 게임을 함께 묶는 것(맥주 마시며 게임하기)을 피하라.

  이 모든 질문에도 비디오 게임이 휴식을 취하는 데 진정으로 도움이 된다면, 게임을 해도 좋겠다.

호흡으로 뇌의 구조를
바꿀 수 있다

●

게임이 취향에 맞지 않는다면 명상처럼 조금 더 고전적인 긴장 이완 활동을 해볼 수 있다. 막연하게나마 침착성과 평정심에 도달할 수 있다는 세간의 평에 많은 사람이 명상에 끌리곤 한다.

실제로 명상을 규칙적으로 수행하면 뇌가 최적의 상태로 작동할 수 있도록 하는 집중 훈련과 같은 효과를 거둘 수 있다. 명상은 정서적 안정과 직접적으로 관련 있는 모든 뇌 영역에 도움이 될 뿐 아니라, 우리가 날마다 경험하는 불안과 스트레스로 인해 초래된다고 알려진 모든 부작용을 완화한다.

명상과 마음챙김이 대세가 되면서 명상은 시도해볼 생각도 들지 않는다는 사람은 없는 듯하다. 이제 사람들은 명상을 통해 현재 순간에 주의를 기울이고 호흡에 집중한다. 잠시나마 마음의 소음을 잠재워 신기할 정도로 삶이 풍요로워지는 걸 경험한다.

그러나 엄밀히 말해 명상은 정신적 활동만은 아니다. 사실 명상은 하면 할수록 이것이 자신의 모든 측면, 다시 말해 육체적, 정서적, 영적, 지적 측면을 아우르는 활동이라는 것을 이해하게 된다.

따지고 보면 명상은 **내 몸이 곧 나**라는 사실과 마음이 몸에 영향을 주는 것만큼이나 몸도 마음에 영향을 준다는 사실을 가장 강력하게 상기시켜주는 활동이다.

실로 심오하다. 우리의 생각, 아니 우리의 의식이 뇌를 포함한 우리의 몸에 직접적인 영향을 끼칠 수 있다는 개념이 말이다. 앞에서 몸을 건강하게 만드는 일이 어떻게 뇌 건강에도 도움이 되는지를 살펴봤다(운동, 수면, 균형 잡힌 식사). 그러나 이 관계는 상호적이다. 마음이 차분해지면 몸도 진정된다. 이완된 사고는 부드러운 몸으로 이어지고, 동시에 우리 뇌가 가진 물리적 형태에도 변화가 온다. 구체적으로 알아보자.

① 좌측 해마

좌측 해마는 학습과 기억, 자의식과 타인에 대한 공감과 관련 있는 영역이다. 이 부분의 회백질 양이 늘어나면(명상을 하면 회백질이 늘어난다), 학습을 더 잘하게 될 뿐 아니라 다른 사람에게 더 친절을 베풀고 공감 능력을 발휘할 수 있게 된다.

② 후대상 피질

후대상 피질이 크고 두툼한 사람은 다른 사람들보다 더 강한 정신적 제어력(딴생각이 드는 것을 멈출 수 있는 능력)과 더 안정감 있고 균형 잡힌 자아감을 발휘하는 것으로 알려져 있다.

다행히 후대상 피질 영역은 얼마든지 훈련할 수 있다. 스스로에게 집중하라고, 지금 이 순간으로 돌아오라고, 머리에 떠오르는 온갖 잡생각에 휘둘리지 말라고, 반복적으로 되뇌어주는 것이다.

그렇게만 한다면 우리는 삶의 많은 부분과 더 대범한 마음으로 직면할 수 있다. 잠시 잠깐 떠오르는 감정이나 감각에 정신을 빼앗겨 조바심내지 않고 새로운 경험을 침착하게 맞이할 수 있다.

지금 우리가 신체 기관과 근육들이 각각 어떤 기능을 하는지 이해하는 것처럼, 미래에는 과학자들이 뇌의 각 부분이 정신적으로 정확히 어떤 기능을 하는지 알아낼 수 있을지도 모른다.

그 전까지는 우리 마음이 무엇을 하고 있는지 알아차리고, 그것을 의식하는 것만으로도 의식과 지각을 훌륭하게 훈련할 수 있다. 그렇게 우리가 살면서 경험하는 모든 것이라 할 수 있는 지성과 감정을 장악할 수 있다. 우선 이 사실을 아는 것에 만족하자.

③ 뇌교

'다리'라는 뜻의 라틴어에서 유래해 '다리뇌'라고도 하는 뇌교 pons(중뇌와 연수 사이의 중추 신경 조직 - 옮긴이)는 이름대로 몸의 다른 부분과의 연결 고리 역할을 한다.

뇌교는 뇌 신경의 시작점인 연수를 거쳐 척수와 이어져 감각, 운동, 반사 기능을 주로 관장하며 소뇌와 대뇌 사이의 정보를 전달한다.

우리가 호흡을 조절하고 타인의 표정을 읽을 수 있는 것도 뇌교 덕분이다. 이미 추측했겠지만 명상은 뇌교를 강화해서 현재 하고 있는 일을 더 잘할 수 있도록 해준다.

④ 측두엽과 두정엽 사이

측두엽과 두정엽의 경계 영역은 공감, 균형감, 책임감, 정의로운 행동 등과 관련 있는 부위인데 이 또한 명상으로 강화할 수 있다.

더 넓은 시각과 균형감, 다른 사람에 대한 배려, 자신 외 다른 존재에 대한 연민 등이 모두 특정 뇌 영역에서 기인하고 반영된다는 사실이 대단하지 않은가. 명상을 열심히 수행하면 이 영역이 강화된다니, 더 대단하지 않은가?

⑤ 편도체

마지막으로 편도체(측두엽 안쪽에 있는 신경핵의 집합체 - 옮긴이) 또한 명상을 하면 물리적으로 변화하는데, 크기가 커지지 않고 줄어든다.

편도체는 스트레스, 불안감, '멍키 마인드monkey mind(원숭이처럼 날뛰는 불안한 상태를 나타내는 말로, 불교의 '심원의마心猿意馬'에서 비롯됐다 - 옮긴이)' 상태인 투쟁/도주 반응과 관련 있다. 이번에도 이미 추측했겠지만 명상은 감정을 조절하고 스트레스를 완화해준다. 마치 내면이나 외부로부터의 자극에 예민하게 반응하지 않고 마음을 차분하게 진정시킬 수 있도록 말이다.

언뜻 보기에는 추상적일 것 같은 명상의 효과가 실제로는 물리적 뇌에 근거를 두고 있고, 몸을 변화시킬 수 있다는 사실은 놀랍기 그지없다. 명상 수행을 계속하면 몸과 마음을 강하게 만들 뿐 아니라 **몸과 마음 사이의 관계** 또한 강화해서 더 조화로운 의식이 나에게 깃들 것이다.

규칙적인 명상이 인지 능력과 기억력, 학습과 성장 능력을 촉진하는 것도 사실이지만, 명상의 힘은 그보다 훨씬 더 커서 그냥 나라는 존재의 정신적·인지적 측면만 강하게 다듬는 데 그치지 않고 세상을 아우르는 더 큰 의식에 가닿을 수 있게 해준다.

결국 따지고 보면 **차분한 마음은 에너지가 넘치는 마음**이다. 명상과 더불어 마음챙김을 수행하는 이유는 뇌의 긴장을 완화해 뇌의 기본적인 상태를 합리적이고 마음을 탄력 있게 만드는 데, 뇌가 안정적으로 에너지를 잘 보존하도록 만드는 데 있다.

마음챙김은 모든 주의를 현재 상태에 집중하고 자신과 자신의 감정, 생각을 완전히 인식하는 수행을 말한다. 생각이 너무 많거나 너무 치달아서 정신적 에너지가 고갈되지 않도록 해준다. 생각이 떠오르는 순간 현재 마음 속에서 무슨 일이 벌어지고 있는지 인식할 수 있는 사람은 인식하지 못하는 사람보다 더 잘 정돈된 생각을 하고 차분함을 유지할 수 있다.

처음에는 마음챙김이 괴롭게 느껴질 수 있다. 스트레스를 많이 받고 있거나 상황에 압도돼버린 사람은 처리해야 할 문제가 너무 많아서 생각이 바삐 돌아가는 것을 막을 수 없다고 느낀다. 악순환의 시작이다. 하루 24시간 끊임없이 쉬지 않고 뇌를 쓰면 뇌는 물론 몸이 재충전할 기회가 거의 없기 때문이다.

과거와 미래를 내려놓아라.

과거는 더 이상 없고 미래는 오지 않을 수도 있다. 그런 것에 관해 생각하는 데 시간을 쓰는 것은 무용함 그 자체다. 엄청난 에너지 낭비다. 그래봤자 할 수 있는 일은 없기 때문이다.

생각과 감정을 내려놓으려는 시도조차도 현재 순간에 벌어지는 일이다. 주의를 산만하게 만드는 무엇이 있다 할지라도 일단 내려놓아라. 마음챙김을 하고 30분 후에도 모든 것이 그대로 있을 테니까.

들이쉬는 공기가 폐에 쉽게 가닿도록 호흡하라.

천천히 깊게 숨을 들이쉬고 내쉰다. 그렇게 함으로써 들이쉬는 공기가 바로 배까지 직접 가닿도록 한다. 입술과 코에 닿는 공기의 느낌, 그 공기가 목으로 내려가는 걸 느낀다. 숨을 들이쉴 때 나는 소리, 내쉴 때 나는 소리에 집중한다.

숨쉬는 데 맞췄던 초점이 조금 흐려질 수도 있지만 자신을 너무 탓하지는 말라. 자연스러운 일이다. 마음이 다른 데로 헤매는 일이 있어도 용서하고, 잊어버리고, 앞으로 나아가 다시 호흡에 집중하면 된다.

그렇게 하는 편이 이리저리 흩어지는 생각과 싸우는 편보다 집중을 다시 하는 데 더 도움이 될 것이다. 불안감이 마음의 평화를 너무도 쉽게 깨고, 겨우 만들어낸 정신적 공간에 끊임없이 끼어들려 한다는 것을 깨달을 것이다.

그저 알아차린 다음, 다시 숨쉬기로 돌아오면 된다. 꼭 마음을 차분히 하려고 애쓰는 것이 아니라 흩어진 마음을 그냥 하나로 모으는 것이다.

물리적 감각에 집중하라.

예를 들어, 물이 담긴 컵을 머리 위에 올려놓고 손을 뗄 때 중심을 잡으려(아니면 손으로 잡고 있어도 좋다) 시도해보라. 엄청난 집중력을 요하는 동작이기 때문에 현재에 집중하는 데 도움이 된다.

같은 맥락에서 달리기처럼 반복적인 동작을 하면 명상의 상태에 도달한다고 느끼는 사람들도 있다. 몸 전체를 훑으면서 팔, 다리 하나하나에 집중하면서 현재 그 부분의 감각을 느껴 보는 방법도 있다.

효과를 발휘하기에 너무 단순하다고 생각하는 사람들은 놀라 자빠질지도 모르겠다. 결국 이 단순한 과정이 마음챙김의 전부다.

몸과 마음은 리셋되고 자신의 상황을 큰 그림 안에서 볼 수 있는 시각을 얻을 것이다. 불안에 떨고 신경질이 났던 건 누가 시켜서가 아니라 결국 자신의 선택이었다는 사실을 이해하게 될 것이다. 그런 깨달음과 이해가 뇌를 강화하고 자신을 더 자신답게 만든다.

어떤 콘텐츠를
어떻게 소비할 것인가

'적절한' 휴식의 기술이라 여기지 않았을지도 모르는 활동이 있으니, 바로 TV 시청이다. 비디오 게임과 함께 TV 앞에 앉아 있는 것은 잘해야 시간 낭비, 최악의 경우 정신을 멍하게 만드는 일로 간주되는 경우가 많다.

그러나 인공두뇌학자 케빈 워릭Kevin Warwick은 TV 시청이 고전 음악이나 십자말풀이보다 더 낫다고 주장한다.

한 실험에서 TV 시청 전과 후에 인지 테스트를 한 학생들은 IQ가 5나 올라가는 결과를 보였고, 흥미롭게도 이 효과는 여성에서 더 두드러지게 나타났다. 시청한 프로그램의 분야도 변수였지만, 정확한 원인과 의미를 이해하기 위해서는 더 많은 연구가 이뤄져야 할 것이다.

IQ가 5만큼 향상되었다는 결과가 그다지 큰 일처럼 보이지 않아도, 최고의 성과를 내야 하는 시험이나 이벤트 직전에 잠깐 지능이 향상할 수 있다면 누구나 좋아할 일이다. 적어도 마지막 순간까지 책을 붙들고 벼락치기를 할 때보다 스트레스를 훨씬 덜 받은 상태로 중요한 시험이나 이벤트에 임할 수 있다!

책 이야기가 나왔으니 말이지만, 워릭은 읽을거리를 가지고 웅크리고 앉아 30분간 독서를 하면 지적 능력이 감소하는 결과가 나왔다고 밝혔다. 선생님들과 부모님들이 믿기 힘든 결과가 아닌가! 하지만 이게 사실일까? 독서보다 TV 시청이 정말로 우리에게 더 좋을까? 이에 대한 대답은 아마도 상당히 복잡할 것이다. 뇌 건강을 위한 습관에 관해서라면 독서만큼 좋은 건 없다는 증거도 충분히 나와 있다.

독서가 가진 엄청나게 많은 장점은 아무리 강조해도 지나침이 없다. 책을 읽는 사람은 상상력을 발휘해 스스로의 한계를 넓히고, 긴 시간 동안 주의를 집중하는 능력을 기를 수 있다.

독서는 종이 위에 적힌 단어를 읽는 기계적인 활동에 그치는 것이 아니라 심오한 사상과 새로운 세상으로 향하는 문을 열어준다. 사실 원하는 것은 무엇이든 책 안에서 찾을 수 있다. 어쩌면 우리가 독서의 가치를 높이 평가하는 데는 독서가 생각을 할 때와 비슷한 점이 많기 때문일지도 모른다.

책을 읽을 때 우리는 상상하고, 창조하고, 아이디어와 의견을 형성하고, 심지어 저자 혹은 저자가 만들어낸 등장 인물과 일종의 대화를 나누기도 한다.

어떤 개념을 이리저리 뒤집어보고, 이미지와 단어들을 가지고 놀아보고, 세상에 존재하는 다양한 관점들이 차려진 푸짐한 밥상이 있는 잔치에 참여한다.

독서가 이렇게 훌륭한 것은 책을 읽을 때 우리 두뇌가 책의 내용을 바라보는 관찰자로 머물지 않고 적극적 참여자의 위치를 점하기 때문일지도 모른다. 책을 읽을 때, 뇌는 상징을 해석하고, 개념을 합성하고, 종이 위에 그려진 기호로 매우 복잡하고 추상적인 이미지를 그려내기 위해 열심히 일한다.

생각해보면 정말 대단한 일이 아닌가. 몸은 조용히 앉아 있지만 뇌는 오케스트라 지휘자의 손처럼 잽싸게 움직이면서 다른 사람과는 완전히 다른 역동적인 나만의 내적 경험을 빠른 속도로 만들어나간다.

2011년 스탠퍼드 대학 심리학 교수 레이먼드 마Raymond Mar가 진행한 연구에서는 스토리텔링과 사회적 상호작용을 관장하는 뇌 영역이 겹친다는 사실을 알아냈다.

이런 '유동적 지능fluid intelligence(유전적 요인의 영향을 받는 선천적 지능으로 창의력, 인지 능력, 통찰력 등에 관여한다 - 옮긴이)'은 다른 사람들을 이해하는 정서적 능력을 향상한다.

우리는 독서를 통해 다른 사람에게 귀를 기울이고, 그들의 입장을 해석하고, 무작위로 보이는 조각 정보와 사건들을 일관성 있고 깊은 의미가 있는 서사로 조합하는 방법을 배운다.

좋은 책을 읽는 것은 만족스러운 대화를 나누는 것과 비슷하다. 우리가 누구인지를 이해하고, 세상에 대해 좀 더 배우고, 우리의 생각과 느낌을 풍부하게 한다. 그중에서도 가장 큰 장점은 새로운 양식의 세상을 상상하도록 자극함으로써 우리를 몰두하게 만든다는 사실 그 자체일지도 모른다. 실제로 어떤 사건에 대해 읽을 때와 그 사건을 몸소 경험할 때 두뇌의 같은 부분이 자극된다.

즉 독서는 지금까지 장점을 가졌다고 언급한 모든 것을 전부 아우르는 활동이다. 사교적이고, 휴식이 되면서, 심지어 선조들과 연결시켜주는 일까지 말이다.

한눈팔거리를 찾아 멍한 상태로 인터넷을 뒤지는 대신, 바깥 세상에 대해 능동적으로 신경을 *끄고* 책을 읽는 것은 은근히 명상적인 데도 있다.

TV 시청과 마찬가지로 독서의 혜택도 **무엇을 읽느냐**에 따라 크게 달라질 것이다. 종이 위에 인쇄된 글씨를 눈으로 따라가거나, 그 글씨가 가진 의미를 지적으로 이해하는 행동 자체가 본질적인 장점을 지니고 있는 것은 아니다.

사실 독서는 눈에 부담을 주는 피곤한 활동이다. 그럼에도 독서의 장점은 더 깊은 의미 파악, 서사의 주제 파악, 새로운 정보를 얻는 과정과 그 모든 것이 우리의 삶과 어떤 관계가 있는지 깨닫는 과정에 있다.

독서의 혜택을 누리고 싶다면 자기가 진정으로 관심이 가는 분야의 책을 찾는 것으로 시작하라. 지루하다 생각하지만 '고전'이라 해서 억지로 읽는 것은 의미가 없다.

소설을 읽지 않아도 된다. 읽고 싶은 책을 고르고 매일 시간을 내서 조용히 앉아 그냥 책에 빠져들라.

15분 정도에서 시작해서 주의력 지속 시간이 늘어감에 따라 점점 독서 시간을 늘려라. 결국 자기도 모르는 사이에 1시간쯤 책을 읽는 건 아무것도 아니게 느껴지는 때가 올 것이다.

냅다 눕자!

●

자신의 인지 능력 중 창의적인 부분을 더 자극하고 싶다면, 긴장을 풀고 편한 자세를 취하라. 몸을 어디에 편히 기대거나 누워보라는 뜻이다.

호주 국립 대학 심리학 박사 대런 립니키Darren Lipnicki는 인지 능력이 필요한 일 중 일부는 누워 있을 때 더 잘 처리할 수 있다는 1차 연구 결과를 발표했다.

참가자들에게 아나그램(영어 단어의 철자 순서를 바꾸고 원래 단어가 무엇인지 알아맞추는 게임-옮긴이)을 풀게 한 실험에서 누운 자세의 참가자들은 '느닷없이' 답이 머릿속에 떠올라 문제를 푸는 경우가 많았다.

소위 '유레카!' '무릎을 탁' 치는 깨달음이 찾아온 것처럼 뇌가 피동적이고 무의식적인 상태에서 문제를 풀었다는 의미다.

이런 식의 비관습적인 활동을 하다가 연구하던 주제에 돌파구를 찾거나 새로운 통찰을 얻었다고 증언하는 과학자가 수없이 많다. 심리치료를 받는 환자들을 소파에 눕게 했던 프로이트는 뭔가를 알고 있었는지도 모르겠다.

누구에게나 있다. 오랫동안 어떤 문제를 풀기 위해 열심히 일했지만, 결국 다른 것에 정신을 쏟고 있을 때 불현듯 답이 떠오르는 경우가 말이다.

살바도르 달리는 의자에 꼿꼿이 앉은 채 잠에 드는 방법으로 이런 식의 창조적 돌파구를 찾곤 했다. 그는 손에 스푼을 느슨하게 쥐고 바로 아래 바닥에 접시를 두었다.

슬며시 잠이 들면 손에 힘이 빠지고 쥐고 있던 스푼이 떨어져 접시에 떨어지며 큰 소리를 낸다. 그 순간 잠에서 깬 달리는 의식과 잠 사이의 그 짧은 순간에 머리에 물밀듯 떠오른 괴상하고도 대단한 이미지들을 재빨리 적었다.

뇌의 창의적인 면을 활용하고 싶으면 그냥 긴장을 풀고 편히 앉아보라. 립니키는 이런 자세가 도움이 되는 이유로, 누우면 평상시 창의적 문제 해결을 억제하는 신경전달물질인 노르아드레날린의 수치가 낮아지기 때문이라고 설명한다. 그 결과 번개처럼 번뜩 통찰을 얻는 것이다.

중요한 것은 이 과정이 산술적 문제 해결에는 적용이 안 된다는 사실이다. 누운 상태, 혹은 잠을 자거나 마음이 깊은 휴식 상태에 빠져들어 있을 때 어느 순간 갑작스러운 깨달음을 얻는 것은 통찰력을 필요로 하는 문제에만 해당된다.

１차 연구 결과에 불과하지만 공부하고, 책을 읽고, 해결해야 할 문제가 있을 때 자세가 끼치는 영향을 염두에 둔다고 해로울 것은 없다.

일화에 불과하지만 깊은 숨을 쉬거나, 자리에서 일어나 조금 움직이며 돌아다니거나, 눕거나, 같은 방이지만 위치를 바꾸는 것만으로도 창의적 영감이 떠오르거나 인지적 돌파구를 찾은 경험이 있다는 사람이 많다.

어려운 문제에 봉착했을 때 문제를 보는 방식을 달리하거나, 몸의 자세를 바꾸는 것만으로도 새로운 관점을 얻을 수 있는 듯하다. 그러니,

새롭거나 어려운 문제에 봉착하면 냅다 누워보라.

몇 분 누워 있다 보면 갑자기 풀려고 하던 문제를 다른 시각으로 보게 될 수 있을지도 모른다.

간단 정리

● 가끔은 다른 무엇보다 정신적 휴식이 필요하다. 사실 휴식은 매일, 매주, 매달의 루틴에서 없어서는 안 될 핵심 요소로 자리잡아야 한다. 우리 모두는 하던 일을 멈추고 재충전의 시간을 가져야 한다. 우리 뇌는 휴식 없이는 높은 수준의 기능을 지속할 수 없기 때문이다. 이번 장을 1장과 함께 묶어서 검토해보라. 다시 한번 강조하지만 몸과 마음을 연결시켜 함께 살피는 일을 간과하지 않고 몸과 마음의 관계를 돈독하게 만들어야 한다.

● 긴장을 푸는 문제에 대해서는 선입관에 반하는 방법들도 몇 가지 있다. 죽은 듯 소파에 푹 파묻힌 채 쉬고 싶어 하는 사람들도 있는데, 이 방법도 어느 정도 효과가 있다. 비디오 게임, TV, 독서는 모두 휴식과 이완을 취하는 데 좋은 도구가 될 수 있다. 이 활동들은 각각 서로 다른 상황에 동원되는데, 비디오 게임은 우리가 빠르게 반응하고 문제를 해결해야 하는 상황에 적응하게 만들고, 독서와 TV 시청은 다른 사람들의 세계를 들여다볼 수 있게 돕는다. 사실 도구는 그다지 중요하지 않다. 유익한 정신적

자극을 받고 기분 좋은 상태가 되는 것이 핵심이다.

● 명상과 마음챙김은 사람들이 긴장을 푸는 방법으로 가장 쉽게 떠올리는 활동이다. 과거를 반추하고 미래를 걱정하는 일을 멈춰라. 현재에 집중하려고 너무 애쓰지도 말라. 마음을 비우고, 한 가지만 생각해보라. 예를 들면 지금 내가 하는 호흡에만 집중하는 것이다. 세상에 이보다 더 쉬운 일이 있을까 싶지만, 막상 해보면 어려울 것이다. 그냥 보기에는 사소한 목표처럼 보이는 이런 활동은 뇌 신경에 엄청난 변화를 가져와 스트레스와 불안감에 대처하는 힘을 길러주고, 더 나은 회복탄력성을 갖출 수 있도록 뇌의 회로 자체를 바꿔준다.

6장.

스트레스

훼손된
회복탄력성

스트레스를 받을 때 우리 뇌가 하는 일

●

끊임없이 스트레스를 받는 상황이라면 인지 기능과 정신 건강을 유지하려 애써봤자 헛된 노력에 그칠 수밖에 없다. 세상에 나와 있는 어떤 건강 습관과 두뇌 훈련도 만성 스트레스가 해친 몸과 마음을 치유할 수는 없다. 신경과학계에서는 스트레스가 뇌 건강에 얼마나 큰 악영향을 끼치는지에 대한 연구가 속속 나오고 있다.

스트레스는 업무, 가족, 돈, 애정 관계 등, 실로 다양한 경험을 망라한다. 그리고 우리는 다양한 모든 경험을 모종의 위협으로 인식한다. 이러한 인식은 자연스레 투쟁/도주 반응으로 이어진다.

인류의 초기 조상들은 방어 기제의 일환으로 이 비상 반응 체계를 발달시켰다. 이 반응은 극한적이고 일상적이지 않은 단기적 상황에만 촉발되게 돼 있었다. 투쟁/도주 반응이 원래 의도보다 더 긴 기간 동안 지속되면 우울증, 불안증, 번아웃 등의 문제나 두통, 불면증 같은 신체 질환이 나타난다.

스트레스로부터 두뇌를 보호하는 방법을 본격적으로 탐색하기 전에 스트레스가 우리와 우리 뇌에 줄 수 있는 피해를 자세히 살펴보자. 스트레스를 받는 상황은 일상의 일부로 받아들여야 할 만큼 늘 있는 일이지만, 관리를 통해 강도를 낮추는 건 가능하다.

① 정신 질환 발병률 증가

국제 학술지 〈분자 정신의학〉에 발표된 논문에서 연구팀은 만성 스트레스가 시간이 흐른 후 우울증이나 불안증 등의 감정 장애를 일으킬 위험을 높인다는 결론을 내렸다. 2015년에 진행된 한 연구에서는 스트레스가 애초에 정신 질환 발병의 큰 요인일 수도 있다고 주장했다. 어떻게 그럴까?

이에 관한 설명으로, 계속되는 스트레스로 인해 두뇌에서 생성되는 신경세포의 숫자가 줄어드는 동시에 미엘린(신경 섬유를 감싸는 피막 - 옮긴이)을 생성하는 세포가 더 많이 만들어진다는 이론이 나와 있다. 너무 많은 미엘린은 뇌와 신경세포들이 서로 의사소통하는 것을 방해할 수 있다.

② 두뇌 구조 손상

스트레스를 온전히 심리학적 현상으로만 생각하기 쉽다. 그러나 스트레스는 무엇보다도 생리학적 현상을 기반으로 한다. 끊임없는 스트레스는 비유가 아니라 말 그대로 뇌의 구조를 바꾼다!

이미 살펴본 바와 같이 뇌에는 백질과 회백질이 있다. 백질은 미엘린으로 둘러싸인 신경 축삭으로 이뤄져 있다. 신경 축삭은 두뇌의 여러 부분을 서로 연결하는 전화선 같은 기능을 한다. 백질 부분이 하얀색을 띠는 것은 기본적으로 지방으로 만들어진 미엘린 때문이다.

회백질은 신경세포와 그 세포들을 돕는 세포들로 구성돼 있다. 회백질은 높은 수준의 사고와 의사 결정을 담당한다.

〈특정 외상 후 스트레스 장애로 인해 회백질에 나타나는 이상〉이라는 논문에서 연구팀은 외상 후 스트레스 장애 증상을 보이는 사람들은 회백질과 백질 사이의 균형이 깨져 있는 경우가 많다는 사실을 발견했다.

이 사실은 극도의 스트레스나 만성적 스트레스가 우리 뇌의 구조에 흔적으로 남아 문제 대처 방식에 변화를 가져온다는 뜻이다.

그렇다고 극도로 심하게 스트레스를 받는 단 하나의 사건으로 우리 뇌에 손상이 오는 것은 아니다. 장기적으로는 백색 소음처럼 항상 존재하는 낮은 정도의 스트레스가 더 큰 피해를 줄 수 있다. 바위는 한 번의 거센 홍수에는 끄떡없지만 수차례 떨어지는 물방울에는 구멍이 뚫린다.

심리학자 다니엘라 카우퍼Daniela Kaufer는 모든 스트레스가 평등하지는 않다고 덧붙인다. '좋은 스트레스'는 도전을 맞닥뜨렸을 때 두뇌가 빨리 상황에 적응하는 데 도움을 줄 수 있는 반면, 만성적으로 계속되는 스트레스는 시간이 흐르면서 회복탄력성을 훼손하고, 우리를 정신 질환이 생기기 쉬운 취약한 체질로 만든다.

카우퍼는 한 기사 인터뷰에서 "생애 초기에 백색질이 어떤 패턴으로 형성되는가에 따라 정신 질환이 잘 걸리지 않는 강한 뇌 혹은 매우 취약한 뇌가 만들어질 수 있다"고 설명했다.

③ 뇌세포의 파괴

로잘린드 프랭클린 의과대학에서는 스트레스를 주는 단 한 번의 사건에도 해마 영역의 새로운 신경세포들이 파괴된다는 연구 결과를 발표했다.

실험에서 다른 쥐들에게서 공격을 받아 스트레스를 받은 쥐들은 다른 쥐들에 비해 코르티솔 수치가 6배 높았다.

흥미롭게도, 이후 모든 쥐가 서로 비슷한 수의 새로운 신경세포를 만들어냈다. 그러나 일주일 후 스트레스를 받은 쥐를 스트레스를 받지 않은 쥐들과 비교해보니 그 쥐의 살아남은 새 신경세포의 수가 더 적었다.

연구팀은 스트레스가 신경조직 발생(새 신경세포의 탄생)에는 영향을 끼치지 않지만 이 새 신경세포들의 생존률에는 영향을 끼치는 것이 분명하다는 결론을 내렸다.

같은 연구팀은 현재 만성 스트레스를 겪는 사람들의 두뇌에 새로 생성된 신경세포들이 오래 살아남도록 하는 데 항우울제가 도움이 되는지 조사하고 있다. 어디까지나 이론에 머물러 있는 단계다.

④ 뇌 크기 감소

적어도 감정 조절, 기억, 신진대사 전반을 담당하는 뇌 영역은 축소되는 게 사실이다. (저런!)

예일 대학의 한 연구팀은 실험에 참여한 100명의 건강한 학생들에게 살아오면서 받은 스트레스들에 관한 질문을 한 다음

뇌를 검사했다.

그 결과 스트레스에 노출된 정도와 전전두엽 피질의 회백질 양이 더 적은 것 사이에 상관관계가 있음이 밝혀졌다. 다시 말해 스트레스에 더 많이 노출될수록 뇌가 더 작다는 의미다.

날마다 받는 스트레스가 지금 당장은 아무런 문제를 일으키지 않는다 해도, 미래에 뇌를 더 취약하게 만들어서 극도로 심한 스트레스를 받게 되면 회복탄력성을 가진 뇌에 비해 더 큰 손상과 축소를 겪게 된다.

이 프로젝트를 이끈 에밀리 안셀Emily Ansel 박사는 "스트레스를 많이 받은 경험이 축적이 된 사람들은 미래의 스트레스에 대처하는 것이 더 어려워질 수 있다. 특히 어려운 상황에 맞닥뜨렸을 때 이를 극복하는 데 제어력을 동원할 필요가 있거나, 감정 조절이나 종합적인 사회적 노력이 필요할 때 더욱 그렇다"고 설명했다.

⑤ 기억력 감소

마지막으로, 이런 모든 효과가 누적되면 뇌가 기억하는 데 어려움을 겪는다는 건 예상할 수 있을 것이다. 아마 누구나 비슷한 경험을 한 적이 있을 것이다. 스트레스를 많이 받고 당황

한 상태에서는 정확한 날짜나 상세한 부분을 기억하기가 어려웠던 경험, 방금 열쇠를 어디에 뒀는지 기억하지 못하는 경험 말이다.

쥐를 대상으로 한 어느 실험에서 특히 나이가 든 쥐들에서 스트레스 호르몬인 코르티솔 수치가 높은 것과 단기 기억 손실 사이에 상관관계가 있다는 것이 밝혀졌다.

또 다른 연구에서는 만성 스트레스가 공간 기억력에 영향을 줄 수 있다는 결론이 나왔다. 공간 기억력은 물건의 위치를 기억해내는 능력과 공간 내에서 방향을 기억하는 능력을 말하는데, 결국 열쇠를 잃어버리는 것뿐 아니라 길을 잃어버릴 수도 있다는 의미다!

위에서 언급한 연구 결과 중 뜻밖이라고 할 만한 것은 없다. 하지만 우리의 생활 방식과 환경, 어느 정도까지는 우리의 인식과 태도가 두뇌 구조에 영구적인 변화를 가져올 수 있다는 사실은 경각심을 갖게 해준다. 과도한 스트레스로 인해 뇌에 물리적 손상이 가는 것을 어떻게 피할 수 있을까? 어렵지 않다. 스트레스를 줄이면 된다!

기분을 전환하는
4가지 호흡법

●

우리의 호흡과 기분은 매우 밀접하게 연결돼 있다. 스트레스가 쌓이거나 화가 많이 났을 때 숨이 막히는 듯한 경험을 겪은 적이 있을 것이다. 긴장을 풀고 차분한 기분이 들 때는(혹은 잠이 들었을 때) 호흡도 느리고 깊어진다.

호흡과 각성도 사이의 연관성을 이용해서 마음을 가라앉히고 스트레스를 조절해서 뇌를 보호할 수 있다.

복식호흡, 또는 횡경막호흡이라고도 부르는 깊은 호흡은 숨을 쉬는 동작을 의식하도록 만든다. 그리고 숨을 쉬는 동작은 몸과 연결돼 있다. 이 말은 깊은 호흡을 하면 마음이 의식적으로 몸의 반응을 제어하고 조절할 수 있는 기회, 특히 스트레스에 대한 반응을 제어할 수 있는 기회를 얻을 수 있다는 뜻이다.

깊은 호흡에는 여러 장점이 있다. 가장 먼저 맥박과 혈압을 낮춰 수면의 질을 높인다. 몸 전체에 산소 공급을 원활하게 해주니 소화도 잘된다.

어느새 내 안의 우울감과 불안감은 사라지고 산뜻함과 평온함이 찾아온다. 그 결과 면역 체계와 지구력, 상처 치유력 향상을 비롯한 많은 혜택을 볼 수 있다.

이제 본격적으로 두뇌에 끼치는 스트레스의 악영향을 줄이는 데 도움이 되는 강력하고도 뛰어난 네 가지 호흡 기법을 살펴보자.

기법 1: 집중 호흡

조용히 호흡에 온 마음을 집중하면 계속 자신을 괴롭히던 스트레스와 걱정에 대해 머릿속에서 오가는 스스로와의 대화를 중단할 수 있다.

스트레스와 불안감은 과거나 미래에 대한 생각에 뿌리를 두는 경우가 많은데, 호흡에 집중함으로써 마음을 온전히 현재로 가져와 머물게 할 수 있다. 현재에 존재하면 불안해할 여지가 별로 없다.

스트레스나 불안감에 압도되는 느낌이 들 때마다 집중 호흡을 할 수 있는데, 방법은 다음과 같다.

① '만트라(영적 또는 물리적 변형을 일으킬 수 있다고 여겨지는 발음, 음절, 낱말, 구절-옮긴이)'를 하나 선택한다. 단순히 '평화'와 같은 단어 하나도 좋고, '나는 평안하다' 등의 문장도 좋다.

② 방해받지 않는 장소를 정해 앉거나 눕는 등 편한 자세를 취한다.

③ 약간의 스트레칭으로 워밍업을 한다. (하면 좋지만 필수는 아니다.)

④ 한 손을 가슴에 얹고 다른 한 손은 배에 댄다.

⑤ 코를 통해 천천히 숨을 들이쉰다. 배에 댄 손은 올라가고, 가슴에 댄 손은 전혀 움직이지 않도록 숨을 조절한다. 3~4초에 걸쳐 들숨을 쉰 다음 잠시 멈추고, 2초에 걸쳐 입으로 숨을 뱉는다.

⑥ 숨을 내쉬면서 만트라를 속으로 되뇌인다.

⑦ 적어도 10회 정도 반복하기를 권한다. 들이쉬고 내쉴 때마다 호흡이 점점 더 깊어지고 느려지도록 한다. 들숨과 날숨을 더 천천히 해보거나 들숨과 날숨 사이의 멈춤을 더 길게 해볼 수도 있다. 가능한 한 모든 동작을 느리고 고르게 하라.

⑧ 호흡하면서 오감에 집중하고, 공기가 몸 속으로 들어와

오장육부의 모든 세포에 가닿고, 온몸을 지난 다음 몸 밖으로 나가는 것을 상상한다.

이 방법은 생각이 너무 많이 몰려드는 것을 막고, 불안감의 소용돌이에 빠지거나 심지어 공황 상태에 빠지는 것을 방지하는 데 효과적이다.

스트레스를 주는 생각이 머릿속에 떠오르면 가만히 그 생각을 내려놓고 숨을 들이쉬고 내쉬는 데 온정신을 집중한다. 들숨과 날숨의 소리, 콧구멍 주변이 약간 더워지는 감각, 손을 댄 곳에 느껴지는 스웨터의 감촉에 집중해보라.

기법 2: 사자의 호흡

이 운동은 요가 자세에서 유래한 것으로 자극과 활력을 주기 위해 개발됐다. 이런 방식으로 온몸에 충분한 산소를 공급하고 폐를 확장하면 에너지 레벨이 높아지기 때문에 가수나 배우가 무대에 오르기 전에 이 기법을 활용하는 경우가 많다.

흥미롭게도 이 운동은 자존감을 높이고, 끈덕지게 따라다니는 수치심과 죄의식을 없애는 데도 효과적이라고 알려져 있다. 스트레스로 인해 무기력하거나 비참하고 우울한 느낌이 든다면 다음과 같이 해보라. (혼자 있을 때 하는 게 좋을 것이다.)

① 편안한 장소를 찾은 다음 가벼운 스트레칭으로 워밍업을
   한다.
② 몸을 약간 앞으로 기울이고 양 손을 무릎에 놓는다.
③ 코로 숨을 깊게 들이쉬어서 상쾌하고 깨끗한 공기로 배와
   폐를 가득 채운다.
④ 자, 여기서부터 재미있어진다. 이제 입을 가능한 한 크게
   벌리고, 바닥을 향해 턱을 있는 힘껏 내린 다음 혀를 쭉
   빼고, 강하게 숨을 내쉬면서 깊게 으르렁거리듯 "하!" 소
   리를 낸다. (한 마리의 사자처럼!)
⑤ 다음 60여 초 동안은 평소처럼 호흡한 다음 다시 사자의
   호흡을 반복한다.
⑥ 이런 식으로 사자의 호흡을 5~10회 정도 반복하는데, 사
   자의 호흡으로 숨을 내쉴 때 가능한 한 최대한의 에너지
   를 몰아넣자.

이렇게 하면 언제든 활력을 되찾고 계속 되풀이되는 짜증나
는 생각의 순환에서 벗어나는 동시에 온몸에 산소를 충분히 공
급할 수 있다. 다른 스트레칭 기법과 혼합하면 정신적으로 막

혀 있거나 끈질기도록 반복적인 행동 패턴에서 벗어나는 데 유용한 훌륭한 기법이다.

기법 3: 꿀벌 호흡

'브라마리bhramari 호흡'이라고도 부르는 이 기법은 오랫동안 남아 스트레스와 불안감을 야기해서 장기적으로 뇌를 파괴하는 부정적인 감정을 해소하는 데 좋다. 간혹 채 소화하지 못한 사건이나 결론을 내지 못한 생각, 부정적인 믿음들이 몸과 두뇌에 남아 만성적으로 스트레스 호르몬이 분비되는 경우가 있다. 그럴 때 꿀벌이 웅웅거리듯 낮은 허밍으로 성대를 울리는 이 기법이 그런 부정적인 감정을 어루만지고, 미주 신경(감정의 제어를 돕는다)을 자극하며, 중추 신경을 안정시킨다.

① 편히 앉거나 눕는다.
② 눈을 감고, 차분하고 이완된 느낌이 온몸을 훑고 지나가는 상상을 잠시 한다. 시각화를 해보는 것도 좋다. 예를 들어 황금빛 햇살이 평화롭게 자신을 감싸는 광경이라든지, 그 날의 스트레스와 걱정이 몸에서 빠져나와 멀리 떠내려가는 광경을 그려본다.

③ 양손의 검지와 중지를 귀구슬 부위, 쉽게 말해 귓구멍 입구를 부분적으로 덮고 있는 연골 부위에 댄다.

④ 깊게 숨을 완전히 들이쉬었다가 코로 내쉬면서 벌처럼 낮은 소리를 낸다. 몸에서 빠져나가는 날숨의 공기 전체를 허밍을 통해 성대를 진동하는 데 동원한다.

⑤ 숨을 다 내쉰 다음 잠시 멈췄다가 5회 반복한다.

⑥ 편안히 호흡하면서 눈을 뜬다.

꿀벌 호흡법은 직접 해보기 전까지는 별거 아닌 것처럼 보일 수도 있다. 하지만 허밍으로 생기는 진동은 두뇌와 나머지 몸을 연결하는 주 신경인 미주 신경을 자극하고 제어하는 효과를 낸다.

기법 4: 박스 호흡

호흡 조절은 곧 각성도 조절이라고 할 수 있다. 다시 말해 호흡을 제어해서 생리학적 각성 상태를 조절할 수 있는 능력을 훈련하는 것이다.

마크 디바인Mark Divine은 《천하무적의 정신Unbeatable Mind》에서 능수능란하게 호흡을 조절하는 것은 정신적 강인함과 회복탄력성을 확보하는 가장 중요한 방법이라고 주장한다.

그는 최고 수준의 운동 선수들과 고도의 훈련을 받은 미국 네이비씰Navy SEALs 대원들이 사용하는 호흡 기법을 사용하면 극도로 스트레스를 받는 상황에서도 성공적으로 자기 제어 상태를 유지할 수 있다는 사실을 발견했다.

앞서 말했듯, 스트레스를 받거나 불안할 때면 우리는 투쟁/도주 태세로 들어가고, 아드레날린과 코르티솔이 대량 방출되면서 모종의 행동을 취할 준비의 일환으로 심장 박동이 빨라지고 근육이 긴장된다. 이는 모두 생존을 위한 반응이었지만, 제대로 생각을 할 수 없게 만드는 부작용도 따른다.

하지만 디바인의 '박스 호흡' 기법을 사용하면 스스로 상황을 장악하고, 바깥에서부터 안으로 향하는 방식으로 신경 체계를 제어할 수 있다.

① 5초에 걸쳐 코로 들이쉰 공기를 뱃속 깊은 곳까지 들여보낸다. 속으로 '원 미시시피One Mississippi'(영어권에서 1초를 가늠하기 위해 쓰는 방법-옮긴이)라고 천천히 되뇌여보라. 그럼 대략 1초가 흐른 것이다.

② 5초 동안 숨을 참는다.

③ 다음 5초에 걸쳐 입으로 숨을 내쉰다.

④ 공기가 완전히 몸에서 빠져나간 후 5초 동안 숨을 참고 다시 처음부터 시작한다.

박스 호흡은 갑자기 확 스트레스를 받거나 금방 차분해지기 어려운 상황에 사용하기에 좋은 기법이다. 간혹 비상 사태가 벌어졌거나 빨리 판단해야 하는 상황에 처할 수도 있다. 때로는 언짢고 두렵지만 현명하게 행동해야 할 필요가 있어서 그런 감정을 일단 접어둬야 할 수도 있다. 그럴 때 박스 호흡은 적절한 판단을 할 수 있는 최적의 마음 상태를 만드는 데 유용하다.

감정에 이름을 붙이면
보이는 것들

●

호흡, 생리적 각성 상태, 스트레스를 받는 정도가 모두 연결
돼 있다는 사실을 고려하는 한편, 감정과 생각의 역할도 무시
할 수 없다.

감정과 생각은 아무런 이유 없이도 스트레스 상황을 만들어
낼 수 있을 뿐 아니라, 살아가며 어쩔 수 없이 맞닥뜨리게 되는
도전들을 해석하고, 그에 대처하며, 회복하는 방식에도 영향을
주기 때문이다.

어떻게 자신의 인지적, 감정적 현실을 제어해서 스트레스를
극복할 수 있을까?

감정에 이름을 붙이면 된다. 감정에 이름을 붙이는 것은 자
신이 현재 경험하는 감정을 말로 표현하는 것을 뜻한다. 부정
적인 감정이 들 때는 그 감정을 무시하거나 상황을 피하고 싶
은 마음이 굴뚝같다.

하지만 그 대신 감정에 이름을 붙이면 거기에 매달리거나 저항하지 않고 단순히 무슨 일이 일어났는지를 인식할 수 있다. 느낌을 말로 표현하면 감정적 자기 제어력이 강해지는 동시에 맥박, 호흡, 두뇌 활동 등 몸의 자율 반응까지도 조절할 수도 있다.

감정에 이름을 붙이는 순간 자발적 인식과 자기 반성의 기회를 확보할 수 있다. 적어도 일시적으로나마 치열한 감정으로부터 마음의 거리를 확보하고, 따라서 불필요하게 그 감정을 길게 끌고 가지 않을 수 있게 된다. **감정에 이름을 붙이면 경험과 행동이 변화한다.**

한 연구에서는 참가자들에게 뱀 사진이나 병원에서 벌어지는 괴로운 장면 등 강한 감정을 불러일으키는 이미지들을 보도록 했다. 한 그룹에게는 단순히 그 이미지들을 보도록 했고, 다른 그룹에게는 그 이미지를 보는 동시에 순간 떠오르는 느낌과 자신이 하고 있는 경험에 이름을 붙이라고 요청했다.

감정에 이름 붙이기를 한 참가자들은 그렇지 않은 참가자들보다 부정적 각성의 정도가 약했다. 자기가 느끼는 감정에 단순히 이름을 붙이는 것만으로도 생리학적 효과를 낼 수 있었고 심혈관 반응성, 맥박, 피부 전도율에 영향을 준 것이다.

2012년, 미국 국립건강정신연구소의 카트리나 키르칸스키 Katharina kircanski 박사 연구팀의 논문에 따르면 감정을 조정하는 전략들 중 감정에 이름 붙이기가 가장 효과적일 확률이 높다는 결론을 내렸다.

연구팀은 거미 공포증을 가진 참가자들에게 철장에 든 타란툴라를 가까이 두고 얼마간의 시간을 보내게 했다. 한 그룹은 그냥 타란툴라를 참아내도록 하고, 다른 세 그룹은 '다른 데로 신경을 돌리기' '감정 재검토하기' '감정에 이름 붙이기' 세 가지 감정 조절 전략을 사용하도록 했다.

감정에 이름을 붙인 그룹은 다른 세 그룹보다 생리학적 각성 수준이 가장 크게 줄어든 것으로 나타났다. 게다가 효과가 일주일이 지나서도 지속되는 걸로 보였다. 심지어 참가자들은 어렵지 않게 타란툴라에 더 가까이 다가갈 수 있게 됐다.

또 다른 실험에서 연구팀은 얼마간의 시간을 내서 다가오는 수학 시험에 대한 불안감에 대해 글을 쓴 학생들은 실제 시험에서 더 좋은 성적을 냈다고 보고했다.

어쩌면 이 결과는 자신의 두려움을 일단 인정하고 난 학생들은 거기에 대해 무언가를 할 자유, 다시 말해 공부를 열심히 하고 준비를 더 잘할 수 있는 심리적 자유를 획득했다는 걸 보여준다.

감정에 이름을 붙여주면 우리에게 무슨 일이 벌어지길래 이렇게 흥미로운 효과가 나타날까?

감정에 대해 이야기하기 위해서는 감정 자체를 생각해야 하기 때문에 자신을 그 감정과 분리해 거리를 두게 된다. 신경이 분산되는 것이다. 그 결과 감정이 조금 누그러져서 대처하기가 더 쉬워진다.

또한 언어로 표현하기 위해서는 상징적 추상화가 필요한데, 이는 뇌에서 평소보다 더 상위의 처리 기능이 동원되는 과정이기 때문에 더 원초적이고 반사적으로 일어나는 반응들에 덜 집중하게 된다. 더 이상 경험에 파묻혀 있지 않고 한발 떨어진 곳에서 바라보게 되는 것이다.

이런 내적 성찰은 상황에 대한 인식과 이해를 만들어내고, 편도체와 전전두엽 피질의 활동 속도를 늦춘다. 감정은 여전히 남아 있지만, 왠지 모르게 감정에 압도되는 느낌이 줄어드는 것이다. 갑자기 그 감정이 더 사소하고, 제어할 수 있는 것으로 보이기 시작한다. 어느새 불확실함과 혼돈에서 오는 불편한 느낌이 줄어든다.

그렇다면 감정에 이름 붙이기는 실제 생활에서 어떻게 실천할 수 있을까?

호기심을 가지고 관심을 기울여라.

잠시 멈추고, 무슨 일이 벌어지는지에 주목해보라. 글자 그대로 '지금 내게 드는 느낌은 무엇인가?' 하고 자문하라.

글로 적어보라.

글을 쓰면 속도를 늦추고 적절한 단어를 찾는 데 시간을 쓰지 않을 수 없다. 자신의 경험을 머리 밖, 종이 위에 있는 것으로 바라보게 된다.

소리 내어 말해보라.

감정적으로 치열한 대화를 하고 있다면, 잠시 멈추고 그 순간 어떤 느낌이 드는지를 입 밖으로 꺼내 말해보라.

자신의 감정에 이름 붙이는 일을 반복하면서 익숙해지다 보면 어떤 감정 상태를 말로만 완벽하게 표현하는 것이 불가능하다는 사실을 깨닫게 될 것이다.

인간적 경험의 진짜 깊이는 말로 정의하기 어렵고, 단어만을 나열해서 이야기하다 보면 전달 과정에서 불가피하게 손실이 생긴다.

비록 감정에 이름 붙이기의 정확도가 그때그때 달라진다 하더라도, 자기 제어 면에서나 타인과의 의사소통 면에서 분명 가치 있는 방법이다. 단, 주의해야 할 점이 몇 가지 있다.

자기 감정에 이름을 붙일 때 수치심, 탓하기, 비평하기 등을 보태지는 말라. 어떤 감정을 느낀다고 자신을 비난하거나, '너 딱 걸렸어!' 하는 태도를 취하거나, 자신을 너무 가혹하게 비판하거나, 지금 느끼는 감정이 어떤 의미인지에 대해 가치 판단하려 든다면 모든 경험이 훨씬 더 나빠질 가능성이 높다!

자기가 느끼는 감정을 설명하기가 힘들다 하더라도 어떤 '느낌이 든다'고 표현을 사용하면 자신의 취약성을 인정하고 상대와 잘 풀겠다는 의지가 상대에게 전해져 어려운 대화를 부드럽게 만들 수 있다.

예를 들어, "비참한 느낌이 들어" 혹은 "이거, 저거, 그거에 대해 바보 같은 두려움을 느껴" 등의 말은 피하라. 대신 "약한 느낌이 들어" 혹은 "불안해" 등의 조금 더 중립적으로 표현하라.

이와 마찬가지로 무슨 일이 일어나야 하고 일어나지 않아야 하는지에 대해 복잡한 해석과 과중한 감정에 휩쓸리지 않도록 주의하라.

다시 말해 "지금 신경이 날카롭고 내가 비이성적인 것 같아" 라고 말하는 대신(신경이 날카롭다는 표현은 과한 감정이고, 비이성적이라는 건 가치 판단이기 때문에 둘 다 진정한 의미에서의 감정이 아니다), "두려워" 혹은 "이 일에 대해 열은 받지만, 동시에 왜 그런 지도 알겠어"라고 말하는 편이 낫다.

감정에 이름 붙이기로 삶을 향상하는 데 이르는 마지막 방법은 간접적으로 **타인의 감정도 완화해주는 것**이다. 다른 사람이 느끼는 감정을 정확하게 알아보고 이름을 붙여줘라.

그렇게 상대에게 내가 지금 귀를 기울이고 있으며 공감하고 이해한다는 마음을 전달하고, 어려운 상황의 뇌관을 제거하라. 물론 여기에 '수치심, 탓하기, 비판하기 금지' 규칙을 더 엄격히 적용해야 할 것이다.

누구라도 자신이 느끼는 감정에 타인이 불쑥 이름을 붙이는 것을 원치 않을 것이다. 특히 거기에 공격적인 비난, 우월한 고지를 확보하기 위한 잘난척이 가미돼 있으면 더욱 그렇다.

다음번에 어려운 대화, 심지어 논쟁을 하게 됐을 때 상대방이 어떤 감정을 느끼고 있는지 넌지시 물어보라. 그냥 단언하기보다는 묻는 쪽이 나을지도 모르겠다.

예를 들어, "넌 지금 혼란스러워 하고 있어"보다는 "굉장히 확신이 없어 보이는데, 맞아?" 식으로 말해보는 것이다.

상대방이 어떤 느낌이 드는지를 두려워하지 말고 단도직입적으로 묻는 방법도 있다. 어떨 때는 모두 다 알고 있지만 감정을 건드리지 않고자 말하기를 꺼려해 대화가 끊임없이 겉돌면서 산으로 가기도 한다. 일단 그 감정을 인정하고 나면 대화는 완전히 새로운 면, 더 인간적인 면으로 접어들게 되고 해결책이 쉽게 찾아진다.

뇌 회로를 재구성하라

●

우리 두뇌는 신경가소성이라는 거의 초자연적인 능력을 가지고 있다. 간단히 설명하자면, 뇌에서는 오래된 시냅스 연결을 해체하고 새로운 연결을 만들어내면서 끊임없이 시냅스 간 관계를 재구성하는 작업이 벌어지고 있다는 이야기다.

뇌가 부상을 당한 후 회복할 수 있는 것도 이 덕분이고, 우리가 새로운 것을 배우고, 적응하고 성장할 수 있는 것도 다 이 신경가소성 덕분이다. 또 현재 우리 뇌에 특정 신경 경로가 형성돼 있다 하더라도, 그 경로를 변경하는 것이 언제나 가능하다는 의미기도 하다.

날마다 우리 뇌에는 무수한 생각들이 들어찬다. 대부분은 부정적, 반복적, 부정확한 것일 확률이 높다. 그 생각들은 어디서 온 것일까?

사실 우리가 현재 가지고 있는 뇌 회로는 과거의 학습 경험과 환경에서 받은 영향, 오래된 사고 패턴, 신념 등이 복합적으로 작용해서 만들어진 결과다.

가령 다른 사람을 신뢰하지 못하게 만드는 부정적인 경험을 아동기에 겪었다고 치자. '세상은 안전하지 않다'는 생각이 뇌에 확고하게 자리를 잡고, 그 생각에 들어맞는 순간과 마주칠 때마다 신경 경로가 강해진다. 그러다 결국 그런 경로가 있다는 것 자체도 눈치채지 못할 정도가 된다.

처음에는 트라우마에 대한 반응으로 뇌 회로가 형성됐다고 해도, 오랜 세월이 지나도록 이 신념을 유지하는 것은 반복적 무의식적 사고 패턴, 그리고 다른 생각을 받아들이지 않으려는 저항 때문일 수도 있다.

인간은 자연스럽게 부정 편향을 보인다는 연구 결과들이 많다. 즉 주변 환경에서 부정적이거나 우리를 위협하는 것에 더 초점을 맞추는 성향이 있다는 의미다.

진화론적 입장에서 보면 납득이 가는 일이다. 자신을 죽일 수 있는 가능성이 있는 것에 더 주의를 기울일 가치가 있지 않은가! 그러나 이 편향으로 인해 부정적 사건, 생각, 신념 등이 우리의 사고를 지배하는 경향도 생겼다.

반면에 이런 부정 편향이 본능적이라기보다는 학습을 통해 형성된 것이라는 증거도 있다.

1980년대에 실시된 한 연구에서는 유아에게 중립적인 사건을 긍정적으로 해석하도록 마음을 달래주면 그 사건을 중립적으로 해석하는 반면, 그 사건을 부정적으로 해석하도록 마음을 부추기면 부정적인 견해를 형성했다.

따라서 인간은 잠재적인 위협을 극복하고 살아남아야겠다는 원초적이고 본능적인 욕구를 가지고 있긴 하지만, 무엇이 위협적인지는 생애 초기에 메시지를 심어주는 돌보는 사람의 영향력이 강하다는 결론을 내릴 수 있다.

우리의 생각은 환경이나 사회화 둘 중의 하나가 아니라 두 요소에서 복합적으로 영향을 받아 형성된다. 신경가소성까지 고려하면 우리는 자신을 재사회화하고 주변 환경을 해석하는 방식을 변경할 힘을 갖고 있다. 그렇다면 이 모든 것은 스트레스와 어떤 관계가 있을까?

우리 두뇌가 잠재적 위협을 맞닥뜨리면, 일련의 생리학적 연쇄 반응이 시작돼 호르몬과 화학적 반응이 촉발되고, 그에 따라 몸은 투쟁/도주 반응을 보인다.

그러나 이러한 생리학적 각성 상태를 뇌에서 어떻게 해석하는지는 각자의 문화, 성장 과정, 개인사 등과 더 상관관계가 크다. 코르티솔과 아드레날린을 분비하는 일은 우리 몸이 하지만 경험을 맥락 안에서 파악하고 의미를 부여하는 일은 우리 마음이 한다.

내분비학자 한스 셀리에Hans Selye는 일반 적응 증후군General Adaptation Syndrome 이론(스트레스를 받는 상황에서 신체는 자신을 방어하려는 일련의 공통된 반응을 나타낸다는 이론-옮긴이)을 도입해 우리 몸이 스트레스에 어떻게 반응하고 적응하는지를 설명한 의사다.

그는 1단계로 경고 반응이 일어나고, 다음으로 저항 반응, 마지막으로 소진 단계에 이른다고 말했다. 경고 단계에는 심장이 빨리 뛰고 근육이 경직되며, 저항 단계에서는 몸이 스트레스에 대처해 적응하고 스스로 회복하려는 시도를 한다. 그러나 이 저항 단계가 오래 지속되면 소진에 다다른다.

이 모든 것을 종합해보면 타고난 부정 편향과 사회화, 마음에서 벌어지는 해석 등이 종합적으로 작용해서 스트레스에 대한 특정 부적응 반응이 두뇌에 뿌리를 내릴 수 있다는 사실을 알 수 있다.

진화를 거쳐 타고난 부분에 대해 우리가 할 수 있는 일은 많지 않다. 그러나 두뇌는 가소성이 있기 때문에 우리가 생각하는 방식을 변화시킴으로써 뇌를 바꿀 수 있는 여지가 크다. 생각을 재구성하려면,

사건 자체보다, 사건을 어떻게 생각하는지가 중요하다.

인지 행동 이론Cognitive Behavioral Therapy: CBT은 인간에게 부적응적인 생각을 식별해서 의식적으로 더 건강하고, 더 균형잡히고, 더 유용한 생각으로 대체할 능력이 있다는 믿음에 기반을 두고 있다. 우리가 인지적 왜곡 상태(예를 들어, 현실을 실제보다 더 부정적으로 보이게 만드는 부정 편향처럼)를 식별할 수 있다면, 뇌의 회로를 다시 구성하고 그 회로를 강화할 수 있다는 것이다.

스트레스는 뇌에 심오한 손상을 가져올 수 있지만, 이런 손상의 일부는 사건 자체가 아니라 그 사건에 대한 우리의 해석 때문에 생긴다. 데이비드 번즈David Burns 박사는 《필링 굿》에서 불필요한 스트레스를 유발하고 뇌에 피해를 줄 수 있는 흔한 인지적 왜곡의 예를 몇 가지 설명한다.

① 0 아니면 100

복합성이나 미묘한 뉘앙스의 차이를 전혀 받아들이지 않는 흑백 논리적 사고를 말한다. (오늘 이 일에 성공하지 않으면 영원히 루저로 남고 말거야.)

② 긍정적인 면을 깎아내리기

나쁜 일에만 집중하고 좋은 일은 무시하는 생각이다. (지금까지 받은 좋은 성적은 당연한 거고, 지금 시험이 망했다는 게 중요해.)

③ 성급하게 결론 내리기

증거가 거의 없거나 전혀 없는 상태에서 결론을 내리는 경향을 말한다. (그녀가 오늘 너무 바빠서 못 만날 것 같다고 했어. 아마 나와 친해지고 싶지 않은 것 같아.) 이런 식의 왜곡은 아무런 근거도 없이 다른 사람의 생각이나 감정, 의도 등을 잘 안다는 잘못된 추정과 함께 나타난다.

④ 감정적 추론

증거나 이성이 아니라 감정, 그중에서도 주로 부정적인 감정에만 완전히 의지해 결론에 도달하는 것을 말한다. (저 웨이터가 내게 좀 무례하게 구는군. 내가 괜히 번거로운 메뉴를 주문해서 저러는 걸 거야.)

⑤ 파국화

부정적으로 해석할 근거가 있는 일이지만 과장하는 것을 말한다. (애인에게 버림받았어. 나는 사랑받지 못한 사람이니 평생 다시는 아무도 만나지 못할 거야!)

이런 식의 부자연스러울 정도로 부정적인 사고를 재구성해서 더 긍정적이고 균형잡힌 사고로 대체하는 데는 시간과 노력이 필요하다. 그러나 단계별로 해내기만 한다면 결국 두뇌 회로를 재구성하는 데 도움이 될 것이다.

1단계: 인식하기

자신이 하는 부정적 독백들에 주의를 기울여 인식해보고 그

것이 왜곡된 것은 아닌지 호기심을 가지고 들여다보라. 생각을 한다고 해서 그것을 행동에 옮겨야 한다거나, 진실로 받아들여야 한다거나, 어떤 식으로든 반응해야 한다는 의미는 아니다! 그냥 인식하는 것까지만 해보라.

> 예) 배우자의 귀가가 늦어질 때 '어쩌면 교통사고가 난 걸지도 몰라' 같은 생각을 자주 하는 나를 인식하게 됐다.

2단계: 증거 살펴보기

판단하려 들지 말고, 중립적이고 객관적인 사실들을 근거로 상황을 보려고 노력하라. 자신이 멀리서 관찰하는 제3자라고 하면 어떻게 이 상황을 묘사할 것인가? 정말로 모르겠으면 모르겠다는 걸 인정하는 게 추측하는 것보다 낫다.

> 예) 사실을 바탕으로 생각하면 교통사고는 생각보다 흔한 일이 아니라는 점을 기억해낼 수 있게 된다. 그리고 배우자가 아직 10분밖에 늦지 않았고, 거기에는 수십 가지 이유가 있을 수 있다. 또 지금 상황에서 최악의 결과를 추정할 만한 증거가 하나도 없다!

3단계: 생각을 다시 들여다보기

여러 사실들을 고려해봐도 원래 했던 생각이 정확한가? 인지적 왜곡이 있던 부분은 없는가?

또, 그 생각들이 쓸모 있는지 여부를 고려해보라. 그런 생각을 하는 것이 원하는 일을 성취하는 데 도움이 되는가?

이 생각을 믿어서 초래되는 전반적인 결과에 대해 호기심을 가지고 성찰해보라. 그 믿음이 어떤 생각과 행동과 느낌을 갖게 하는가? 계속 그런 식으로 생각하고, 행동하고, 느끼기를 원하는가?

예) 교통사고가 났을지도 모른다고 생각했던 것을 되돌아보면, 그럴 가능성도 있지만 너무 과한 생각이었다. 이런 식으로 생각이 파국에 치달으면 과도한 스트레스만 불러일으킬 것이다. 이런 느낌을 계속 가지고 싶진 않다! 생각을 고쳐먹어야겠다.

4단계: 사고 재구성하기

연민과 인내심을 가지고 원래 했던 생각에 부드럽게 의문을 제기하고, 더 긍정적인 생각으로 대체하라.

예) 왜 배우자가 10분이 늦는지 알 수 없지만, 사실 그렇게 많이 늦지도 않았고 아마 아무 일도 없을 확률이 높다. 내가 걱정한다고 해서 상황은 전혀 달라지지 않는다.

간단 정리

- 만성적인 스트레스를 겪는 상황이라면, 회복탄력성이 좋은 건 강한 두뇌를 유지하는 일은 꽤 어렵다. 계속되는 저강도의 스트 레스는 정신 질환 발병과 상관관계가 있으며, 장기적으로는 두 뇌 구조를 손상시킨다. 스트레스는 새로 만들어진 뇌세포를 죽 이고, 심지어 뇌 크기를 축소할 뿐 아니라 기억력에도 악영향을 끼친다.

- 스트레스를 줄이는 방법 중 하나는 호흡 조절을 통해 각성도를 제어하는 법을 배우는 것이다. 깊은 복식 호흡은 중추 신경계의 각성도를 낮추고, 스트레스 정도를 제어해서 뇌를 보호한다.

- 잠시 천천히, 깊게 호흡해보거나 활력을 불어넣어주는 사자의 호흡을 해보라. 또는 마음의 안정과 균형을 찾아주는 꿀벌 호흡, 머리를 맑게 해주는 박스 호흡을 실천하는 방법도 있다.

- 몸이 보이는 스트레스 반응을 관리하는 또 다른 중요한 방법은

자신의 생각과 감정에 주의를 기울이고, 스트레스를 만들어내는 왜곡된 사고에 문제를 제기해서 이를 재구성하는 것이다.

- 효과가 증명된 방법 중 하나는 감정에 이름 붙이기, 그러니까 자신이 느끼는 감정을 언어로 표현하는 것이다. 이 방법은 심리적 거리감을 확보해서 다른 데로 신경을 분산해 상황을 재평가할 수 있도록 하며, 심지어 그 상황에 대한 반응으로 취하는 행동에 변화를 가져올 수도 있다. 그 무엇도 판단하지 말고 자신의 감정을 관찰하라.

- 특정 사고를 재구성하고 인간의 자연스러운 부정 편향을 바로잡으려 노력하라. 두뇌는 신경가소성을 가지고 있으므로 신경 자극을 다른 방식으로 해석하도록 훈련할 수 있다. 제일 먼저 부정적인 생각에 주의를 기울이고, 그 생각을 자신의 가치관, 목표, 객관적 증거와 비교해보라. 필요하다면 더 건강한 생각으로 대체하라.

7장.

신경 가소성

반복할수록 강화된다

이쯤 되면 인지 능력과 정신 건강을 유지하는 일은 우리가 이전에 생각했던 것보다 훨씬 더 중요하다는 사실이 너무도 명백해졌다.

이 책에서 논의하는 모든 것이 본질적으로 뇌의 신경가소성을 최적화하는 시도라 할 수 있다. 즉 뇌가 회로를 재구성하고 새로 습득한 정보와 기술에 맞춰 신경 경로를 바꾸는 과정을 최대한 돕는다는 뜻이다. 뇌는 역할에 맞춰 자체적으로 구조를 바꾸는 능력이 있다.

배움과 정신적 융통성, 좋은 기억력, 창의성 등을 중시한다면, 체스나 숫자 퍼즐 등 흔히 '뇌 훈련'이라고 부르는 활동들로 뇌의 일부 영역을 자극할 게 아니라 뇌의 모든 기능을 지원하는 노력을 기울이는 편이 좋다.

근육은 사용하지 않으면 위축돼 약해진다. 마찬가지로 뇌도 사용하지 않으면 시간이 흐르면서 상태가 나빠진다. 이는 앞에서 살펴본 바와 같이, 우리가 뇌를 사용하는 방식이 뇌의 기능에 직접적이고 물리적인 영향을 끼치기 때문이다.

두뇌는 심장과 같은 근육이 아니기 때문에 같은 방법으로 '훈련'할 필요는 없다. 그러나 뇌는 생체 조직으로 구성돼 전기 및 화학 에너지로 구동되는 도구로, 복잡한 변환을 거쳐 우리가 세상에서 살아가는 경험 그 자체가 된다.

테트리스를 3개월 동안 한 사람은 테트리스를 하기에 더 적합한 뇌를 가지게 되는 것처럼, 누구나 뇌를 어떻게 사용하는지에 따라 뇌를 구성해나가는 것이 가능하다. 신경가소성의 핵심은, **가장 많이 한 활동을 더 잘하게 되는 것이다.**

이 원리를 바탕으로 뇌의 '습관'을 만들어 우리가 원하는 방향의 새로운 뇌 회로를 만들 수 있다. 새롭고 유익한 회로는 어떻게 만들 수 있을까? 바로 우리 자신에게 도전하는 것이다.

훈련 방법은 달라도 두뇌는 능력의 한계에 도달할 때까지 밀어붙였을 때 비로소 성장한다는 의미에서 근육과 같다.

도전을 받으면 새로운 목표에 맞춰 능력을 최대한 가동한다. **우리가 성장할 때는 능력의 한계 끝에 서 있으면서, 아**

예 불가능하지는 않은 일에 뛰어들 때다!

이제 대부분의 신경과학자들과 심리학자들은 IQ가 결정론적으로 고정된 지표가 아니라 한 사람이 물려받은 IQ의 달성 가능 범위를 보여주는 것으로 이해한다.

정확한 지적 능력은 그 사람이 어떤 환경에서 어떤 노력을 기울였는지에 따라 타고난 범위 내에서 결정된다. 열심히 노력하고 헌신적으로 배움에 임하는 사람은 타고난 범위의 상한선까지, 심지어 약간 그 위까지 도달할 수도 있다.

같은 원리로, 이런 식의 노력을 하지 않는 사람은 개발되지 않은 잠재력을 가지고 있다는 의미다. 더 나아질 수 있는 능력은 확실히 있지만 현재의 한계를 넘어서려면 두뇌를 적극적으로 자극할 필요가 있다.

IQ와 인지 과학에 대한 초기 연구의 많은 수가 어떻게 하면 타고난 재능을 키울 수 있을지에 초점을 맞추고 있었다. 사람들은 헌신적인 훈련만으로 기억력을 좋게 하고, 학습 능력을 높이며, 새 언어를 쉽게 배우거나 복잡한 문제를 쉽게 푸는 월등한 자신을 만들 수 있기를 원했다.

예를 들어 언어를 더 잘하고 싶으면 언어 능력을 개발하는 데 많은 시간을 들이는 게 당연하지 않은가? 알고 보니 무조건 그런 건 아니었다. 2008년에 시행된 혁신적인 한 연구에서는 적절한 훈련을 하면 실제로 지능을 높일 수 있다는 것이 증명됐다.

연구팀은 작업 기억력working memory(복잡한 작업을 수행하는 동시에 무언가를 기억하는 능력-옮긴이) 테스트에 초점을 맞춰서 참가자들을 훈련시킨 다음 참가자들의 기억력을 테스트 전후로 측정했고, 실제로 기억력이 향상됐다는 결과를 얻었다.

그러나 가장 신기한 일은 이 훈련을 받은 참가자들이 작업 기억력 테스트와 완전히 상관없는 임무에서도 더 좋은 실적을 올렸다는 점이었다. 어떻게 된 것일까? 한 가지 기술을 습득하도록 훈련을 받았는데 완전히 다른 기술도 좋아지다니?

이 연구는 인지 과학 분야를 완전히 뒤바꾼 게임 체인저였다. 뇌에 대한 과거의 관념과는 완전히 다른 지능 모델을 강하게 지지하고 있었기 때문이다.

유동성 지능은 우리가 새로운 것을 학습할 때 쌓아올리는 확고한 사실이나 기술(다시 말해, 결정성 지능)이 아니라, 융통성 있고, 적응력이 강한, 학습할 수 있는 능력을 말한다.

이것은 새로운 정보를 받아들이고, 처리하고, 저장하는 두뇌의 능력이다. 쉽게 말하자면 유동성 지능이 우리가 흔히 말하는 '지능'에 더 가까운 개념이고, 결정성 지능은 지식, 저장된 정보, 기억 따위에 더 가깝다.

무슨 훈련이 됐든 훈련을 하는 동안 강화되는 것은 유동성 지능이어서, 다른 분야의 일과 다른 기술로도 전이되는 것이다. 위 연구에서 관찰된 뜻밖의 결과도 바로 이 논리로 설명할 수 있다. 유동성 지능의 위대한 점은 바로 그 자체다. 지능이 유동적이라는 사실!

유동성 지능은 연습과 훈련을 통해 변화할 수 있다. 그야말로 '쓰지 않으면 퇴화한다'는 원칙에 더해 '많이 사용하면 할수록 향상된다'는 원칙까지 적용할 수 있는 능력이다.

본질적으로 유동성 지능을 높이는 일은 **배우는 방법을 배우는 것**이다. 말장난이 아니다. 완전히 새로운 정보를 다루고, 이런저런 특정 활동에 국한되지 않은 전반적인 모든 활동에 대처하는 방법을 연습한다는 개념이다.

유동성 지능이 높은 사람은 주제와 상관없이 최적의 학습 방법을 보유하고 있다. 이 덕에 실제 지식을 거의 가지고 있지 않은 새로운 분야에서도 좋은 능력을 발휘하며 잘 대처해나갈 수 있다.

그렇다면 어떻게 활용하면 세상에서 살아가며 부딪히는 여러 문제에 더 잘 대처해나갈 수 있을까? 요령은 학습에 대한 '큰 그림'을 보는 시각을 갖는 것이다.

자신만의 수평선을
극복하라

●

이전에 수백만 번을 본 자극에 반응하는 방법은 누구나 잘 알고 있다. 하지만 색다른 문제나 한 번도 느껴보지 못한 자극, 직면해본 적 없는 문제에는 어떻게 반응해야 할까?

과연 우리는 아이디어를 상황에 맞게 조정하고, 실험하고, 주변에 보이는 것을 진정으로 이해하고, 새로운 시각으로 패턴을 보는 데 융통성과 창의성을 얼마나 발휘할 수 있을까?

그래야만 하는 상황에 자주 부딪힌다면 자신이 가진 능력의 한계에 가까운 상태로 살고 있다는 의미다. 특정 기술을 연마하는 건 전혀 잘못된 일이 아니지만, 마주치는 도전의 특정 주제나 형태와 상관없이 자신의 총체적 능력을 키우는 쪽이 궁극적으로 얻는 게 더 많다.

색다름과 도전이 두뇌에 끼치는 효과를 보여주는 상당히 놀라울 만한 증거들이 있다. 1970년, 케임브리지 대학에서 흥미로운 실험을 진행했다.

연구진은 수직선이 아니면 수평선만 볼 수 있는 공간을 각각 만들고 거기서 아기 고양이들을 키우기 시작했다.

아기 고양이들은 수평선과 수직선 중 하나가 그려진 원통형의 우리에서 자랐고, 아기 고양이들에게 밥을 주거나 돌보는 사람들도 수직선이나 수평선만 그려진 옷을 입었다. 이렇게 철저하게 수평선과 수직선으로 나뉜 아기 고양이들은 모든 면에서 완전히 다른 세계를 경험했다.

실험이 끝나갈 즘, 수평선만 그려진 원통형 우리에서 자란 아기 고양이들은 수직으로 정렬된 사물을 잘 인지하지 못했다. 의자 다리와 같이 수직 형태의 물체에 계속 부딪혔고, 연구원들이 손가락을 수직 방향으로 들이대면 아무런 반응도 하지 않았다.

한편 수직선만 그려진 원통형 우리에서 자란 고양이들은 수평선이 그려진 공간에서 낮잠을 잘 곳을 찾지 못했다. 수평면을 인식하지 못했기 때문이다.

실험에 참가한 아기 고양이들 중 몇 마리는 몇 주 재활을 거쳐 정상을 회복했지만, 끝까지 회복하지 못한 고양이들도 많았다. 사실상 실험이 진행된 5개월간 다른 종류의 선을 전혀 보지 못했기 때문에 회복이 어려웠다.

2000년, 런던 대학 연구팀은 택시 기사들의 해마 영역이 버스 기사들보다 상당히 더 크다는 걸 발견했다. 왜 그럴까?

택시 기사들은 런던의 어디든 전부 기억해서 가장 효과적인 지름길을 알고, 길이 막히면 대안을 생각해내야 하기 때문에 큰길과 골목길을 모두 손바닥 보듯 훤히 알고 있어야 했기 때문이다.

반면 버스 기사들은 날마다 거의 변함없는 노선 몇 개만 따라 운행하면 된다. 어디서 좌회전하고 우회전해야 하는지 몇 군데만 외우면 되고, 심지어 거리 이름을 몰라도 괜찮다. 건물이나 이정표 등을 시각적으로 기억하면 되기 때문이다. 버스에 얼마나 많은 사람이 타는지도 기사에게는 상관없다. 승객들도 노선과 종점을 알고 있기 때문이다.

생각해보면 택시 기사는 포레스트 검프와 닮았다. 승객이 어디로 가자고 할지, 어떻게 가야 할지 등 늘 변수가 있기 때문이다. (포레스트 검프는 동명의 영화 속 주인공으로, 경계선 지능을 가졌다. 대학에서 미식축구 선수가 되었다가 군에 들어가 무공훈장을 받았다가 탁구로 군 병원 위문 공연을 다녔다가 새우잡이 배를 타는 등, 파란만장하고 예측할 수 없는 인생을 살며 "인생은 어떤 맛을 고를지 모르는 초콜릿 상자와 같다"라는 명대사를 남겼다. -편집자 주)

실제 세상에서 택시 기사 같은 뇌를 개발하려면 어떻게 해야 할까?

틀에 박힌 정신 상태를 깨라.

색다른 상황, 아이디어를 추구하고, 만나는 사람들과 자신의 생각에서도 새로운 것을 발견하기 위해 노력하라.

오래된 문제를 새로운 눈으로 바라보고, 지금까지와는 다른 질문을 해보고 다른 접근법을 택해보라. 다른 것을 먹고, 다른 길로 산책을 가고, 새롭게 시도하라.

이런 사고를 늘상 하는 사람들의 조언에 귀를 기울이는 것도 좋겠다. 그렇다, 예술가들을 포함해 창의적인 일을 하는 사람들 말이다.

벽에 부딪혔거나 진부한 생각밖에 떠오르지 않는다면 잠시 한발 뒤로 물러서라. 두뇌를 유연하게 하고 새로운 아이디어가 떠오를 수 있는 열린 공간을 마련하라.

문제를 글로 적어보는 대신 그림으로 표현해보라.

자리를 옮겨 앉아 잠깐 몽상에 잠겨보라.

샤워를 하면서 브레인스토밍을 해보라.

완전히 엉뚱한 상상의 나래를 펼쳐 지금 상황의 전제 자체에 의문을 제기해보라.

자기 자신에게 도전하라.

모험하지 않고 편안한 수준으로 계속 살 수도 있다. 그렇게 하면 두뇌도 문제를 일으키지 않고 순응할 것이다. 그러나 스스로를 조금 더 밀어붙여본 후에야 자신의 진정한 능력이 어디까지인지 가늠할 수 있다.

자기가 편안하게 느끼는 범위 밖으로까지 스스로를 밀어붙이는 것은 해변에서 최고 속도로 단거리 달리기를 하듯 신나게 뛰는 것과 비슷하다. 몸은 극한에 도달하고 기분은 날아갈 듯 상쾌해진다.

호기심을 가져라.

현재 상태에 성급하게 안주해서 만족해버리지 말자. 호기심을 갖자. 반항심마저도 괜찮다.

이런 호기심이 최고조에 달하면 지적 흥분이나 최고의 성적 환희 등과 분간할 수 없다. 이 마음 상태에서는 고도의 창의적 경험을 할 수 있다. 경이로운 미지의 세계를 경험하고 있는 것이다.

서로 다른 세계를 살 것 같은 과학자와 예술가의 공통점이 바로 이 부분이다. 이들은 알 수 없는 수수께끼와 빈번히 밀접한 접촉을 하고, 그 수수께끼를 이해하고, 그에 관해 이야기하고, 대변하고, 해결하기 위해 최선을 다한다.

창의력은 그 자체를 양분으로 자라난다. 틀에서 벗어나 생각하고, 사물과 현상을 색다르고 의외의 방식으로 바라보면 이전까지 어렵기만 했던 문제를 해결하거나 완전히 새로운 사고의 길이 열리기도 한다.

휴식을 취하라.

목표를 향한 치열한 질주를 잠시 멈추고, 그냥 창밖을 바라보고, 두들링을 하고, 웃음을 터트려보라.

살면서 한번은
악기를 배워라

●

학창 시절에 부모님께서 당신이 악기 하나를 배웠으면 했는 가? 많은 부모가 자녀들에게 악기를 가르치는 이유는 그 학습 경험이 바로 삶의 다른 부분에도 간접적으로 도움이 된다고 믿기 때문이다. 타당한 믿음이다.

인지 능력을 촉진한다고 약속하는 앱이나 게임을 돈 주고 사지 않아도 된다. 그냥 이래저래 고민 말고,

악기 연주를 시작해보라.

악보 읽는 법부터 배워라.

연주하는 데 필요한 기술을 연마하고 날마다 연습해라.

타인의 연주를 들어보고, 자기의 음률을 만들어보라.

음악은 두뇌 건강에 굉장히 유익하다고 증명된 바 있다. 연주는 완전히 다른 독특한 방식으로 우리의 인지 능력을 활용하고, 거기에 도전한다. 음악으로 저축한 유동성 지능은 다른 곳

에서 지출할 수 있다.

악기 연주는 그저 손가락만 능숙하게 놀리는 게 다가 아니다. 거기에는 정서적 경험, 시각, 청각, 촉각, 섬세한 운동 제어, 기억력, 창의적 표현을 포함한 다양한 요소가 모두 아우러져 있다.

하버드 의과대학 뇌졸중 회복 연구소 소장 고트프리트 슐라우그Gottfried Schlaug와 그의 연구팀은 뇌 스캔을 통해 일반인들에 비해 음악가들의 뇌량이 눈에 띄게 크다는 사실을 관찰했다. 뇌량은 뇌의 좌반구와 우반구를 연결하는 영역이다.

과학자들은 음악 연주가 뇌량 크기를 키운 것이라 확신했다. 연주를 하지 않던 사람이 악기를 배우면 시간이 흐르면서 악기를 배우지 않은 사람보다 크기가 커졌기 때문이다.

이 영역의 크기를 키우는 것이 그렇게 중요한 이유가 무엇일까? 우선, 두뇌 회백질의 크기가 전반적으로 커지는 것은 언제나 좋은 일이지만, 특히 서로 다른 영역들 사이의 연결성이 높아지면 더욱 좋다.

결국 두뇌는 고정된 부품들의 조합이 아니라 서로 다른 영역들이 역동적으로 상호작용을 하면서 끊임없이 의사소통을 하는 방식으로 작동하기 때문이다.

홍콩 중문 대학의 심리학 교수 아그니스 챈Agnes Chan과 그의 연구팀이 진행한 연구에 따르면 음악가들은 언어 능력, 기억력, 공간 추론력을 요구하는 테스트에서 일반인들보다 더 높은 성적을 보였다. 역시 마찬가지로, 유동성 지능이 활약을 한 것이다!

연구팀은 거기에 더해 음악 훈련을 어릴 때 시작할수록, 훈련 강도가 높을수록 뇌가 물리적으로 변화한다는 사실을 발견했다.

어린이의 두뇌는 어른의 두뇌보다 가소성이 더 높다. 그래서 아무리 단기간이라도 어릴 때 음악 레슨을 받은 어린이들은 어른이 된 후 연주를 하지 않더라도 연주를 하는 어른과 같은 혜택을 누릴 수 있다.

이미 다 커서 그럴 기회를 놓쳤다 하더라도 걱정하지는 말라. 음악 훈련은 나이와 상관없이 누구에게나 도움이 된다. 심지어 뇌졸중이나 다른 형태의 뇌 손상에서 회복 중인 환자 혹은 난독증, 언어 및 학습 장애를 가진 성인에게도 음악 훈련이 유익한 것으로 드러났다.

두뇌 훈련을 위해 특별히 개발된 앱이나 게임들은 사실 결정성 지능만을 훈련하는 데 그친다. 다시 말하면, 앱이나 게임에서 하는 특정 활동은 잘하게 되지만 다른 임무를 수행하는 능력을 길러준다는 보장은 없다는 뜻이다.

그러나 음악 훈련 등의 활동은 유동성 지능에 많이 의존하면서도 이 지능을 크게 높이고, 따라서 훨씬 광범위한 효과를 누릴 수 있다. 긴장을 풀고, 성취감을 느끼고, 심지어 친구들과 함께 연주하면서 얻는 사회적 쾌감은 말할 것도 없다.

음악 훈련은 우리가 지금까지 논의한 두뇌 향상 습관과 기술들 중 많은 부분을 포괄하는 활동이다.

자신의 고유 전문 분야가 무엇이든 상관없이, 뇌를 위해 할 수 있는 가장 좋은 일 중 하나가 음악 훈련이라 해도 과언이 아닐 정도다.

우리 뇌는 어디에 사용하든 잘 적응하는 놀라운 능력을 갖고 있다. 우리는 이런 뇌의 능력을 활용해서 지금까지와는 다른 새로운 기술을 배움으로써 스스로에게 도전할 수 있다.

밴드에 가입해서, 완전히 새로운 악기를 배우는 레슨을 매주 받고, 악보 읽는 법을 배울 시간을 내보라. 음악을 듣고 연주를 할 때면 음악이라 부르는 이 훌륭한 언어를 만들어내기 위해 온몸과 마음과 영혼이 깨어나는 것을 느낄 수 있다.

날마다 조금씩 하라

●

언어 이야기가 나왔으니 어쩌면 당신이 새 언어를 배우는 것도 유동성 지능을 증진하는 것 아닐까 추측했을지도 모르겠다. 맞는 추측이다.

에든버러 대학 연구팀은 다국어 사용과 치매 악화 속도(느려진다) 사이의 연관성을 밝힌 대규모 연구 결과를 발표했다.

인간은 언어를 처리하고 저장하는 데 뇌의 좌반구를 사용하는데, 좌반구에는 말하기와 새로운 언어를 배우고, 듣거나 읽은 단어와 소리를 이해하는 일을 전문으로 하는 특정 뇌 영역이 포함된다.

그러나 언어 학습은 두뇌 전체가 동원되는 복합적인 활동이다. 단어의 소리를 듣고, 글자로는 어떻게 쓰는지 보고, 문법을 이해하고, 발음을 자기 입으로 올바르게 내고, 의사를 적절하게 표현하고, 어떨 때 규칙을 깨도 되는지 등을 배우기 위해서는 수많은 요소가 동시에 작동한다.

그 결과 뇌의 모든 영역의 회백질 양이 증가해서 새로운 정보를 처리하고 합성하는 데 도움이 된다.

흥미롭게도 언어가 어디에, 어떻게 저장되는지는 그 지식을 어느 연령대에 획득했는지에 따라 달라진다. 이 말은 언어 획득이란 고정된 어느 순간의 일이 아니라 인생 전반에 걸쳐 적응하고 변화하는 일이라는 뜻이다.

음악 훈련과 마찬가지로 언어 훈련도 뇌량 영역의 신경세포 간 연결과 두께를 늘리는데, 이는 두뇌 좌반구와 우반구 사이의 신경 연결이 더 많아진다는 의미다.

바이올린 연주를 배우는 일이 됐든 프랑스어 회화를 하는 일이 됐든, 두뇌의 신경가소성을 늘리는 것은 당장 들이닥친 문제 해결에 도움이 될 뿐 아니라 노화로 인한 인지 능력 저하를 늦추고 두뇌를 써야 하는 다른 모든 임무 수행에 유익하다.

우리의 뇌는 고정된 구조물이 아니라 우리의 요구에 따라 끊임없이 변화와 적응을 거듭하고, 새로운 도전 하나하나에 맞춰 진화하는 살아 있는 기관이다.

나이는 상관없다. 언제라도 새로운 신경세포 간 연결을 촉진하고, 뇌의 형태를 물리적으로 바꾸는 것이 가능하다.

책이나 컴퓨터 앞에 앉아 딱딱하고 어려운 학구적 활동을 해야만 두뇌를 민첩하고 유연하게 유지할 수 있는 것은 아니다. 한 가지 특정 기술을 연마해야 하는 것도 아니다.

유동적이고 반응성이 높은 뇌는 다방면으로 고르게 발달한 뇌다. 이런 두뇌는 그때그때 환경이 요구하는 임무에 빠르게 적응하고, 유머 감각과 개인적 의미, 호기심, 창의성을 적절히 동원할 수 있다.

결국 학교 교과 과정에서 별로 중요하게 다루지 않았던 언어, 음악, 미술 등이 생각했던 것보다 정신적 풍요와 지능에 훨씬 더 중요한 역할을 하는 듯하다.

외국어를 한 개도 구사하지 못한다 해도 절망하지는 말라. 중요한 건 꺾이지 않는 마음이다!

날마다 조금씩 평생 배우겠다는 태도를 견지하면 뇌가 늘 도움을 줄 뿐 아니라, 도전에 대처하고, 가끔 뜻밖의 능력을 발휘해 우리를 놀라게 할 것이다.

언어 학습 앱으로 몇 분 공부를 하고, 외국어 자막으로 영상을 시청하고, 외국어로 대화를 나눌 수 있는 새 친구를 사귀는 일 등은 그다지 대단해 보이지 않지만 사실은 엄청나게 유익한 활동들이다.

특별한 슈퍼푸드만 섭취하거나 성형 수술을 받는 것이 신체 건강을 향상하는 최선의 전략이 될 수 없듯, 단 한 가지 활동이나 두뇌 훈련 게임 앱만으로 별안간 두뇌 능력이 극적으로 향상되기를 기대할 수는 없다.

그보다는 큰 그림을 그려 장기 전략을 세우고, 인지 건강과 지적 건강을 돌보고 개발하는 쪽으로 생각해보라. 신체적, 정서적, 영적 건강까지 함께 돌보는 것이다.

뇌가 할 일을 충분히 제공하고, 스스로에게 도전하는 것을 두려워하지 말라. 충분한 휴식 기간을 확보하고, 자기 안에 들어 있는 창의적인 능력을 끌어내고 발휘하는 습관을 들여라. 뇌는 받은 만큼 돌려준다.

목소리를 내라

●

2010년, 콜린 매클라우드Colin MacLeod와 동료 연구원들은 어떤 현상을 연구하면서 거기에 '제작 효과production effect'라는 이름을 붙였다.

그들은 실험 참가자들에게 리스트에 적힌 단어를 보고 기억하도록 했는데, 단어를 눈으로만 본 참가자들보다 리스트의 절반을 소리 내어 읽은 참가자들이 기억해낸 단어의 수가 더 많았다. 흥미로운 점은 모든 단어를 소리 내어 읽은 참가자들은 모든 단어를 눈으로만 읽은 참가자들보다 좋은 성적을 전혀 내지 못했다.

소리 내어 읽기의 특별함이 무엇일까? 왜 리스트의 절반만 소리 내어 읽었을 때 기억해내는 비율이 가장 높았을까?

연구팀은 그렇게 함으로써 단어에 특성을 부여해 더 잘 기억하게 되는 것이라는 가정을 세웠다. 즉 우리 뇌가 두드러지는 정보를 인식하고 기억하는 데 더 능하다는 뜻이다. 일련의 단어를 암기하려고 할 때, 텍스트가 모두 검정색인데 그중 한 단어만 빨간색이라면 그 빨간색 단어만 두드러져 더 쉽게 기억할 수 있다. 같은 원리다.

연구팀이 발견한 이 효과는 소리 내어 읽은 단어들을 무슨 이유에서든 나머지 단어들과 다르고, 더 주목하고 기억할 만하다고 뇌가 인식해서였을 가능성이 높다. 소리 내어 말을 함으로써 다른 단어들과 그 단어들을 구별한 것이다.

제작 효과에서 '제작'이라는 표현은 일부 단어를 말로 제작해서 그 단어에 두 종류의 정보, 즉 눈으로 본 시각 정보와 소리 내어 읽으면서 얻게 된 청각 정보를 부여했다는 의미다.

본질적으로 제작 효과는 기억해야 할 정보에 대한 지식을 확장해서 각 정보를 다른 정보와 더 확연히 구별하고 명확하게 만들기 때문에 유용하다. 그렇다면 이 효과를 어떻게 이용하면 좋을까?

간단하다. **중요한 부분을 골라 소리 내어 읽는 것**이다.

중요한 부분을 이런 식으로 의식적으로 구분하는 노력을 하는 것은 뇌도 스스로에게 '잠깐, 이 부분은 중요하구나. 기억하자' 하고 이르게 되는 것이다.

제작 효과를 소리 내어 읽는 것으로만 제한할 필요는 없다. 접하는 정보들 중 특정 부분을 더 두드러지고 연관성이 높은 것으로 만드는 방법을 다양하게 개발해보라.

정보의 일부를 시각, 청각 이외에도 몸짓과 감정 상태와도 연결해보라. 부엌에서 일하던 중이라면 잠깐 동작을 멈추고 마트에서 사야 할 다섯 가지 품목을 소리 내어 말하면서 몸짓도 곁들여볼 수 있다.

조금 우스워 보이지만, 나중에 마트에 갔을 때 자잘한 디테일까지 상세하게 떠올리는 스스로에게 놀랄 것이다.

간단 정리

● 두뇌 훈련 프로그램들이 효험이 없다는 사실은 여러 차례에 걸쳐 증명됐다. 엄격히 말해서 우리가 더 영리해지도록 '뇌를 훈련'할 수는 없기 때문이다. 그러나 색다른 방법을 써서 간접적으로 뇌를 자극하고 신경세포 자체와 세포 간 연결을 강화해서 '뇌 회로를 바꾸는 것'은 가능하다. 유동성 지능은 향상될 수 있지만 결정성 지능은 향상될 수 없다. 이 말은 뇌 기능을 증진하고 싶으면 뇌 자체가 아니라 뇌를 자극하고, 다양한 상황에 적응할 수 있도록 여러 방법에 집중해야 한다는 뜻이다.

● 진정한 두뇌 훈련은 색다른 활동, 정신적으로 약간 어렵게 느껴지는 활동에 도전할 때 시작된다. 신경세포 성장은 바로 그때 일어난다. 헬스장에서 운동을 할 때와 마찬가지다. 통증이 없는 운동은 몸을 만드는 데 별 도움이 되지 않는다. 이 방법이야말로 신경가소성을 이용해 정신 능력을 향상해주는 진정한 토대가 된다. 간단히 말해, 더 많은 것에 노출되고, 더 많은 경험을 할수록 뇌 신경세포 간 연결이 더 늘어난다. 루틴에 변화를 주고 편

안하게 느끼는 범위에서 벗어나 낯선 경험을 해보라.

● 신경세포 연결을 촉진하는 일에 관해 이야기해보자면, 새로운 악기나 새로운 언어를 배우는 일은 잠자고 있던 뇌 영역을 활성화한다. 이런 기술은 뇌에 새로운 형태의 적응력을 갖추게 하고 삶의 다른 면에도 적응할 수 있는 패턴과 정보 처리 방법을 학습시킨다. 음악 훈련과 외국어 학습은 다수의 새로운 정보뿐 아니라 심지어 근육 기억까지 아우르는 활동으로 두뇌 전체를 자극한다. 가장 큰 장점은 이런 형태의 신경세포 성장은 다른 분야나 활동에도 전이가 가능하다는 점이다.

● 눈으로 읽기 혹은 소리 내어 말하는 단순한 행동에는 제작 효과가 있다. 이 효과 덕분에 사고, 인지, 기억력, 이해력이 증진되는 것으로 증명됐다. 정보 재생산에는 상당한 양의 적극적 참여가 필요하다. 이번 장에서 계속 논의한 바와 같이 더 다양한 방법으로 정보를 처리하고, 참여하고, 뇌의 한계에 도전하면 더 많은 혜택을 거둘 수 있을 것이다.

8장.

미주
신경

게임 체인저

전지전능한 신경 네트워크

미주 신경Vagus Nerve은 뇌를 말할 때 단골 손님이다. 그런데 미주 신경이 정확히 무엇이고, 우리의 인지력에 어떤 역할을 할까?

미주 신경은 하나의 신경세포라기보다는 목 뒤쪽에서 복부까지 이어진 신경 네트워크다. 부랑자vagrant, 방랑자vagabond와 동일한 라틴어 어원을 가지고 있어서 이 신경이 몸 전체를 돌아다닌다는 사실을 암시한다.

실제로는 한 쌍을 이루는 신경으로 왼쪽과 오른쪽으로 분포돼 있고 그 길이가 매우 길다. 사실 이 신경 네트워크는 우리 몸에서 가장 긴 뇌 신경으로, 두뇌와 대부분의 내장 기관을 연결하고 있다.

미주 신경은 놀랄 정도로 많은 기능을 조정하는 역할을 수행한다. 미주 신경을 활성화하는 것은 부교감신경계를 활성화하는 것과도 같은데, 쉽게 말해 휴식/소화 반응이 일어난다. 즉 투쟁/도주 반응(교감신경계)을 완화해준다고 볼 수 있다.

이제는 몸과 마음의 상호작용, 생각과 감정 사이의 중재, 감정 상태와 몸 상태의 연관성에 미주 신경이 큰 역할을 한다고 믿는 사람이 많다.

앞서 언급했지만, 영어권에서 '직감을 믿어보라'는 의미로 '장을 믿어보라trust one's gut'고 표현하게 된 것도 아마 미주 신경 때문일 것이다.

요약하자면 뇌와 몸을 연결하는 중요한 역할을 하는 미주 신경에 조금 더 주의를 기울일 필요가 있다.

미주 신경에서 특히 주목할 만한 점은 호흡과의 상관관계다. 미주 신경은 다른 무엇보다 호흡 속도에 가장 먼저 반응한다. 천천히 깊게 호흡하면, 심장도 몸 전체에 산소를 공급하기 위해 너무 빨리 뛸 필요가 없다. 호흡이 느려질 때 심장에게 속도를 맞춰 늦추라고 '지시'하는 것이 바로 미주 신경이다.

미주 신경은 언제나 어김없이 숨쉬는 속도에 맞춰 심박동수를 늦춘다. 심장 강화 운동을 할 때를 제외하면 보통 심박동수를 의도적으로 제어할 수는 없지만, 호흡을 조절함으로써 심박동수를 비롯한 수많은 신체 기능을 제어하는 것이 가능하다.

또한 이렇게 시작된 과정은 온몸을 거쳐 두뇌에까지 영향을 끼쳐 코르티솔과 기타 스트레스 호르몬 수치를 낮추고 정신을 맑게 해서 더 긍정적이고 활력 있는 사고 과정으로 접어들 수 있도록 돕는다.

이는 그야말로 게임 체인저라고 할 수 있다. 스트레스를 받고 있기 때문에 호흡을 빠르고 얕게 하는 것이 아니라, 호흡 때문에 몸이 스트레스를 받는다고 하는 쪽이 더 정확하다.

더 꼬집어 말하면, 날숨을 길게 쉬면 이완 반응을 활성화하는 신경들을 자극한다. 이때 미주 신경이 가장 활성화된다. 즉 가장 긴장이 이완되는 상태라는 말이다.

이러한 이해는 매우 유용하다. 호흡을 조절함으로써 우리 몸의 이완 반응을 스스로 촉발할 수 있다는 의미기 때문이다. 반대로 미주 신경을 직접 자극해도 같은 효과가 생겨 심장에 동일한 메시지가 전달되고, 그 결과 몸 전체가 안정되고 이완되며, 맥박이 떨어진다.

신경학자 루시 노클리프-카우프만Lucy Norcliffe- Kaufmann은 2002년부터 미주 신경과 미주 신경이 건강에 미치는 효과에 대해 연구해왔다.

2001년에 한 연구팀이 내놓은 논문에 따르면, 1분에 6회 호흡이 가장 이상적이라고 한다. 각 호흡마다 들이쉬는 데 5초, 내쉬는 데 5초를 쓰는 것이다.

루시 박사의 연구팀은 만트라나 묵주 기도에 주로 초점을 맞췄다. 보통 두뇌 건강을 생각할 때 떠올리는 활동은 아니지만 결과가 말을 해준다!

알고 보니 묵주 기도를 하면 자연스럽게 1분에 6회 정도 호흡을 하게 되고, 몇몇 만트라도 비슷한 효과를 낸다. 날마다 기도를 하고 만트라를 외는 것이 결국 깊은 휴식과 스트레스 해소의 지름길일까? 그럴지도 모른다. 어쨌든 미주 신경의 탄력성을 향상하는 것이 중요하다.

신경세포의 건강에 대해서 자주 생각하는 사람은 별로 없겠지만, 사실 신경세포들도 탄력성, 크기, 기능 등의 상태가 다양하고, 몸의 다른 부분을 돌보는 것과 마찬가지로 미주 신경도 탄력성을 향상시킬 수 있다.

여기까지 이 책을 읽어온 당신이라면 신체 일부를 구획지어 그 부분의 건강만을 향상하는 일은 불가능하고, 모든 것이 함께 움직인다는 사실을 알고 있을 것이다.

미주 신경도 정신 건강과 뇌 기능 증진에 커다란 영향을 끼친다. 미주 신경의 탄력성이 잘 다듬어진 사람은 이리저리 떠밀려 다니며 균형 회복에 어려움을 겪지 않고, 더 빠르게 안정과 휴식/소화의 상태로 진입할 수 있다.

미주 신경은 기억을 형성하는 데도 도움을 준다. 버지니아 대학 연구팀은 미주 신경을 활성화하면 기억력이 향상된다는 사실을 발견했다. 미주 신경이 편도체에 기억을 통합하는 역할을 하는 호르몬, '노르에피네프린norepinephrine' 분비를 조절하더란 것이다.

건강한 미주 신경은 몸 안의 염증을 관리하는 데도 핵심적인 요소다.

어떤 염증은 정상적이고 건강한 상태에서도 나타날 수 있지만, 염증이 너무 잦거나 심하다면 패혈증이나 자가 면역 질환 등의 각종 질병을 의심해봐야 한다.

파인스타인 의학연구소장 케빈 트레이시Kevin Tracey의 2007년 리뷰에 따르면, 우리 몸에 염증이 생겼을 때 우리 몸의 세포들은 '종양 괴사 인자tumor necrosis factor'라는 면역성 단백질을 만들어낸다. 그런데 이 물질이 과하게 분비되면 오히려 우리 몸을 공격한다는 문제가 있다. 이때 바로 미주 신경이 뇌에 신호를 보내 소염 화화물을 분비하도록 하고 면역 반응을 하향 조정한다.

다시 말하면, 미주 신경은 세포 조직에 생기는 염증의 정도를 올렸다 낮췄다 하는 온도 조절 장치 같은 역할을 해서 염증 반응을 건강한 범위로 유지하면서 염증성 질환을 막아낸다.

대부분의 신경과학자가 별것 아니게 보이는 이 미주 신경이 몸 전체에 걸쳐 광범위하고 핵심적인 역할을 맡고 있다는 사실에 동의한다.

미주 신경 탄력성을 향상해 미주 신경을 활성화하면 심장 건강에 큰 도움이 될 뿐 아니라 기억력 증진 등 다양한 혜택을 가져올 것이다.

그렇다면 탄탄한 미주 신경을 위해 무슨 일을 해야 할까?

먼저 나쁜 소식. 미주 신경 탄력도는 얼마간 유전적으로 결정된다. 그러나 좋은 소식. 노력을 통해 얼마든지 향상할 수 있다. 돈도 들지 않고 어렵지도 않다. 단, 꾸준히 규칙적으로 노력해야 한다.

깊고 천천히 호흡하라.

천천히 폐 아랫부분까지 공기가 채워지는 그림을 그리면서 배꼽 바로 위까지 풍선을 채우듯 부풀렸다가 천천히 숨을 내쉬어라. 이런 방식의 호흡은 미주 신경을 활성화하고, 부교감신경계를 자극하며 심박변이를 강화한다.

허밍을 하듯 '흐음' 소리를 내며 호흡하는 것도 미주 신경의 긴장도를 향상해 탄탄하게 만들 수 있다. 주문을 외듯 작게 읊조릴 때도 마찬가지다. 성대를 물리적으로 자극하면 후두와 연결된 미주 신경을 자극하는 것과 같기 때문이다. 말을 하거나 노래를 부를 때도 자극된다.

일상생활을 하면서도 의식적으로 호흡하라. 잠에서 깼을 때, 잠들기 전에 호흡하라. 정신을 집중할 수 있을 때마다 가능한 한 자주 잠시나마 시간을 할애하라. 어쩌다 한번 마음먹고 하는 명상 시간보다 훨씬 더 큰 효과를 낼 수도 있다.

그리고 두 가지 목표를 꼭 기억하라. 어떤 상황에서든 호흡법으로 심신을 돌보는 목표, 미주 신경 탄력도를 꾸준히 향상해서 투쟁/도주 반응이 쉽게 촉발되지 않도록 하는 목표.

찬물로 세수하라.

찬물 세수가 어떻게 효과적인지에 대해서는 확실히 알려져 있지 않지만, '포유류 잠수 반사'라고 하는 것과 관련돼 있다. 포유류 잠수 반사는 잠수해서 수영할 때처럼 숨을 참을 필요가 있으면 심박수가 떨어지는 오랜 진화의 산물이다. 찬물로 샤워를 하는 것도 비슷한 기능을 할 수 있다.

찬물을 끼얹으면 처음에는 몸이 충격과 패닉에 빠지지만, 연

습을 하다 보면 충동을 제어하고 의지를 발휘해서 의도적으로
자신을 진정시키는 방법을 터득하게 된다.

유산균을 복용하라.
장내 박테리아를 잘 관리함으로써 미주 신경을 탄탄하게 만
들 수 있다. 프로바이오틱스와 발효 식품을 챙겨 먹어라.

미주 신경은 우리 존재를 이루는 모든 요소가 서로 밀접하게
관련 있다는 걸 잘 보여준다. 요소 간에는 역동적이고 복합적
인 상호작용이 이뤄진다.
이렇게 해서 우리는 또 다시 이 책의 핵심으로 돌아왔다.
우리 뇌와 신체와 영혼은 하나다.

십자말풀이보다
중요한 것들

●

이 책은 물리적 대상인 두뇌의 건강을 증진해서 기억력과 인지 기능을 좋아지게 하는 다양한 방법을 알아보는 것으로 시작했다.

이제는 명상, 휴식, 심지어 기도까지도 건강에 도움이 될 뿐 아니라 운동이나 보조제를 먹는 것에 못지 않게 효과적이라는 사실을 알게 됐다.

또한 마음 상태, 날마다 하는 행동, 어디에 집중을 하는가에 따라 몸이 형성된다는 사실을 보여주는 연구들을 살펴봤다. 따라서 신체 건강과 정신 건강은 하나라는 느낌이 사실도 확인할 수 있었다.

이 모든 피드백을 규칙적인 습관으로 포용하면, 단지 최상의 인지 기능만이 아니라 가장 차분하고 행복한 마음으로 순간순간을 살아갈 수 있다.

뇌를 최적의 상태로 유지하고 싶다면, 자신의 삶을 전체적으로 돌아보고 인지 능력을 건강하게 유지하는 노력을 충분히 기울이고 있는지 자문해봐야 할 것이다.

기분이 좋을 만큼 땀이 나는 운동, 사랑하는 사람들과의 시간, 도전이 되는 의미 있는 일, 충분한 수분 섭취와 양질의 수면, 좋은 사람들과 좋은 음식을 먹는 것 등이 일상에 모두 골고루 포함되도록 의식적으로 노력을 기울여라.

자주 맞닥뜨리는 평범한 문제들을 창의적이고 파격적인 방법으로 해결하는 경험을 최대한 자주 하라. 웅크리고 있지 말고 세상으로 나아가 삶을 즐기고, 새로운 것들을 시도하고 배우며 신경가소성을 강화하고 미주 신경 회로를 재구성하는 것이다.

지적 능력을 향상하고 싶다고 해서, 진을 다 빼놓는 직장을 그만두고, 같이 있으면 기분만 상하는 사람들을 피하고, 평소 관심사와 거리가 먼 취미 활동을 뜬금없이 시작하고 보는 사람은 그다지 많지 않다. 하지만 사실 그런 일들이 숫자 퍼즐을 억지로 풀거나 지루함을 참고 고전 음악을 듣는 것보다 궁극적으로는 훨씬 더 효과적일 수도 있다.

하기 싫은 일은 억지로 꾸역꾸역한다고 자신을 더 영리해지거나 기억력이 더 좋아지지는 않는다. 이 책을 통해 꾸준히 반복한 사실이니 너무 애쓰지 말라. 그보다는 자주 긴장을 푸는 데 신경을 쓰는 게 좋다.

머릿속으로 황금빛 햇살이 온몸을 어루만지는 광경이나 내 신경을 팽팽한 로프로 상상한 다음, 그 로프가 느슨하게 풀어지는 광경을 그려보라. 숨을 내쉴 때마다 부정적 감정과 걱정이 담긴 공기 주머니가 몸에서 빠져나가 사라지는 광경을 상상해보라.

그렇게 당신의 뇌를 최상의 상태로 정비하라.

간단 정리

- 미주 신경은 몸과 마음은 떼려야 뗄 수 없다는 진리를 증명해주는 증거다. 왜? 미주 신경이 하는 일이 바로 그것이기 때문이다! 미주 신경은 몸 전체를 관통하는 뇌 신경으로, 적절한 요령으로 잘 제어하면 이 신경을 활용해서 뇌에서 벌어지는 일들을 바꿀 수 있다. 미주 신경은 몸이 하는 경험을 뇌가 따라갈 때도 있다는 사실을 보여주는데, 이런 측면을 이용하면 뇌 건강을 향상하는 것이 가능하다.

- 미주 신경은 흔히 말하는 이완 상태 혹은 휴식/소화 반응과 밀접해 있다. 휴식/소화 반응은 투쟁/도주 반응과 정반대 현상으로, 상반된 두 반응을 수반하는 모든 신경전달물질과 호르몬도 정반대로 기능한다. 미주 신경 탄력성이 떨어지면 스트레스에 취약해지고, 미주 신경 탄력성이 좋아지면 스트레스를 더 빨리 해소하고 자기제어력이 강화되는 것이다.

- 미주 신경 탄력성을 강화하는 가장 대표적인 방법은 미주 신경

의 주요 조절 기제가 호흡이라는 사실을 활용해서 깊은 횡격막 호흡을 하는 것이다. 더 깊고 더 느리게 호흡할수록 휴식/소화 반응이 더 빨리 일어나 긴장을 늦출 수 있게 된다. 사실, '흐음' 소리를 낸다든가 주문을 외운다든가 기도를 하는 것 또한 비슷한 효과를 내는데, 미주 신경이 성대와 후두에 연결돼 있기 때문이다. 찬물을 끼얹는 것(얼굴부터 시작해보자)도 시도해볼 수 있는데, 이렇게 하면 잠깐 동안은 투쟁/도주 반응을 불러일으키지만 바로 휴식/소화 반응이 뒤따를 것이다.

- 미주 신경에 대해 알면 알수록 미주 신경이 우리 몸에 나타나는 반응을 제어해서 두뇌를 최적화할 수 있다는 사실이 명확해진다. 미주 신경은 뇌와 몸 사이의 떼려야 뗄 수 없는 관계를 보여주는 증거기도 하다. 미주 신경을 보면 알 수 있듯, 두뇌 역량을 강화하려면 뇌를 둘러싸고 지지하는 모든 것에 주의를 기울여야 할 것이다.

요약 노트

1장
신경 건강:
땀을 흘리면 뇌도 건강해진다

● 몸이 건강해지면 신경도 건강해진다. 이 둘을 분리해야 하지 않나 의구심이 강하게 들겠지만, 사실 최적의 사고와 기능을 발휘하는 데 몸과 신경은 떼려야 뗄 수 없는 관계로 연결돼 있다. 두뇌만을 특정해서 훈련할 수는 없을지라도, 우리 몸을 특정 방식으로 훈련하면 원하는 결과를 거둘 수 있다.

● 신체 건강의 첫 단계는 땀을 흘리는 활동을 주기적으로 하는 것이다. 특히, 혈액 순환을 촉진하고 심장 박동수를 높이는 유산소 운동이어야 한다. 이런 운동은 뇌로 향하는 혈액의 양을 늘리고, 다양한 대사와 호르몬 변화를 촉발하고, 전반적인 에너지 레벨을 높인다. 유산소 운동이 높은 수준의 인지 기능과 기억력을 담당하는 뇌 영역을 키우고, 심지어 인지 저하와 뇌 질환을 예방한다는 연구 결과들도 나와 있다. 뇌가 영양분과 에너지와 물 등을 극도로 많이 필요로 하는 만큼, 이런 것들을 뇌에 최적으로 공급

해 뇌가 건강하게 유지될 수 있는 상태를 만들어야 한다.

● 요가와 춤이 신경 건강 증진에 효과적인 것으로 밝혀졌다. 이 두 활동은 엄격히 말하면 유산소 운동으로 분류되지 않기 때문에 의외로 받아들여질 수 있다. 물론 춤은 달리기만큼 힘들 수도 있다. 그러나 두 운동이 가지는 장점은 부분적으로나마 감정을 만족스러운 방식으로 표현할 수 있도록 해준다는 점이다. 이 사실은 요가와 춤이 우울증과 불안감을 치료하고 예방하는 데 큰 효과가 있다는 연구 결과만으로도 명백해진다. 인과관계가 100퍼센트 확실한 것은 아니지만, 요가와 춤의 이점은 반복적으로 증명돼왔다. '왜'는 '어떻게'보다 중요하지 않을지도 모른다.

● 마음챙김과 명상은 정서적으로 평온함을 떠올리게 하면서도 뇌를 활성화하는 방법 중의 하나로 밝혀졌다. 회복을 돕는 춤과 요가의 효능은 후에 우리가 살펴볼 또 하나의 복잡하고도 넓은 분야인 셀프헬프, 즉 스스로 돌보기로 이어진다.

2장
도파민:
도파민 피커를 위한 사용설명서

● 신경전달물질은 뇌의 메시지를 전달하는 일을 하는 화합물로 도파민, 옥시토신, 세로토닌, 엔도르핀이 대표적이며 'DOSE'라는 약자로 통칭된다. 이 물질들은 우리의 전반적인 경험에 지대한 영향을 미친다.

● 옥시토신은 사랑의 호르몬으로 유대감, 관계 형성, 공감, 안전함 등의 감정을 느끼는 것을 돕는다. 의식적으로 신뢰하는 사회적 관계를 쌓아가기 위해 노력하고, 자기 자신도 더 믿을 수 있는 사람이 되도록 노력함으로써 옥시토신 분비를 촉진할 수 있다. 우리는 봉사, 관계, 상호 의존 등의 가치를 염두에 두고 전략적으로 주변 사람들과 따뜻한 관계를 형성해야 한다.

● 세로토닌은 기분을 편안히 하고 자존감과 자기 결정 능력, 자신감 등에 관여해서 '자신감 호르몬'이라고 부르기도 한다. 세로토

닌 수치를 높이기 위해서는 자기 자신을 신뢰하고 자신감 있게 한계를 설정하며 리더가 될 용기를 발휘하는 한편, 과거의 실패보다는 성취를 더 자주 되새겨보는 것이 좋다.

● 엔도르핀은 뇌의 천연 진통제이자 불안감과 우울증을 완화하고 자존감을 높이며, 입맛을 조절하고 심지어 면역 반응도 높인다. 격렬한 운동, 매운 음식, 스트레칭 혹은 웃기 등의 활동은 엔도르핀 수치를 높이는 데 도움이 된다.

● 도파민은 보상 화합물이라고도 할 수 있는데, 미래의 즐거움을 예측하고 기대할 때 분비되며 습관을 확립하는 역할을 한다. 새로운 목표를 세우고 그 목표를 향해 한 걸음씩 뗄 때마다 자신에게 보상을 주는 방법으로 도파민을 더 만들어낼 수 있다.

● 중독과 싸우는 사람이라면 도파민 단식이 도움이 될 수 있다. 충동을 촉발하는 자극을 피하거나 제거하는 것이 좋지만, 어쩔 수 없이 맞닥뜨리게 되면 '충동 서핑'을 하면서 불편함에 굴복하지 않고 대면하기 위해 노력해야 한다. 소중하게 여기는 가치를 되새겨서 집착적인 행동 대신 삶에 진정으로 이로운 행동을 해보는 것이다.

3장
집중력:
뇌 청소부, 글림프 시스템

● 뇌 건강과 정신적 수행 능력을 꾸준히 높이려면, 할 수 있는 몇 가지 일을 날마다 하는 루틴으로 만드는 것이 좋다. 그 행동들을 종합적으로 실천하다 보면 정신 위생에 도움되며, 무의식적인 자연스러운 행동 패턴이 나타나는 경지에 이르면 그야말로 큰 혜택을 볼 수 있다.

● 우선 밤에 숙면을 취하는 것부터 시작하라. 숙면은 모든 것의 기초다. 잠을 자지 않으면 에너지를 얻을 수가 없고, 뇌는 다른 어떤 것에도 주의를 집중할 수가 없다. 특히 자주 낮잠을 자는 것은 승수 효과를 낸다. 일상에서의 수행 능력을 올려주거나 반대로 완전히 망가뜨릴 수 있는 촉매 역할을 할 수 있다는 의미다. 수면이 얼마나 중요한지 인식하고, 알았으면 거기에 걸맞게 대우하라. 수면이 부족하면 에너지 레벨은 물론 실제로 신경계에 문제가 생기고 언젠가는 그 값을 치러야 할 것이다.

● 놀랍게도(혹은 놀랍지 않게도) 자연 자체가 큰 힘을 가지고 있다. 허리케인이나 지진과 같은 자연재해가 우리에게 끼치는 영향을 말하는 게 아니다. 그냥 초록 잎새들을 바라보는 것, 자연광에 스스로를 노출하는 것, 일터에 화분을 두는 것, 심지어 동물의 영상이나 동영상을 보는 것만으로도 막대한 혜택을 거둘 수 있다. 왜 이런 일이 벌어지는지 정확한 이유는 아직 밝혀지지 않았지만 과학계에서는 자연이 우리의 스트레스를 줄여서 우리가 집중을 더 잘할 수 있도록 만든다고 확신한다. 실로 자연은 우리로 하여금 주변 환경과 자기 자신에 대해 더 마음을 쏟아 주의를 기울이고 인식하려는 노력을 하게 만든다.

● 몇 가지 단순한 행동을 반복하는 것으로 집중력을 높이고 몽상에 빠지지 않게 하는 효과를 거둘 수도 있다. 생각을 하거나 말을 할 때, 두들링이나 껌 씹기와 같은 행동은 기억력과 집중력을 향상해준다는 연구 결과들이 나와 있다.

● 마지막으로, 날마다 감사의 마음을 가지는 습관을 들이면 행복감과 집중력, 심지어 에너지 레벨까지 향상할 수 있다. 이 장에서 다룬 여러 가지 다른 행동과는 달리, 감사하는 마음은 의식적으로 마음을 다잡고 자신의 행동에 대해 생각하게 만든다. 그 결과 실제로 호르몬에 변화가 생기고 우리는 행복감을 느낀다.

4장
인지력:
진정한 상호작용의 힘

● 정체성은 무에서 창조되지 않는다. 정체성은 자신의 배경, 문화, 성장 과정에 크게 영향을 받는다. 이는 모두 인간이 가진 사회적 성격의 여러 부면이다. 다시 말해 인간은 사회적 동물이며, 우리가 건강을 누리고 행복감을 느끼는 데 다른 사람들이 필수불가결하다는 의미다. 뇌에도 똑같은 논리를 적용할 수 있다.

● 성생활은 인지 기능뿐 아니라 삶에 대한 전반적인 만족감과 행복감을 증진한다. 그러나 성생활 자체만으로 두뇌 건강이 향상된다는 확실한 근거는 없다. 그보다는 행위에 동반되는 정서적, 사회적 유대감, 지지의 감정과 큰 연관성이 있을 가능성이 높다. 어찌 됐든 자연스럽고도 원초적인 인간의 충동을 삼가는 것은 해로운 일이다.

● 큰 그림으로 볼 때 사회 활동과 상호작용은 정신 기능을 높여주고 노인들의 인지 저하를 늦춰주는 것으로 드러났다. 그렇다면 이런 활동은 얼마나 해야 적당할까? 사람마다 차이가 있고 스스로 결정할 문제지만, 주변만 둘러봐도 사회적 상호작용의 기회는 많다. 충분한 사회적 상호작용은 수면 위생을 잘 지키는 것과 비슷한 정도의 영향력이 있다고 해도 과언이 아니다.

● 늘 심드렁하게 보게 되는 공익 광고 카피 같은 "웃음이 보약"이라는 말은 짜증나게도 사실이다.

● 의외로 조상들에 대해 생각하는 일이 우리 뇌에 상당히 이롭다. 잠깐 멈추고 나보다 이전에 세상을 살았던 선조들에 관해 생각하는 것만으로도 인지 기능을 향상할 수 있는 것으로 드러났다. 이유는 무엇일까? 이런 사색은 사회적 활동이지만 상호작용은 아니다. 하지만 동시에 큰 그림 속에서 자신을 파악해보고 자신감과 겸손함을 가질 수 있게 해주는 경험이다.

5장
생체리듬:
적절함의 미학

● 가끔은 다른 무엇보다 정신적 휴식이 필요하다. 사실 휴식은 매일, 매주, 매달의 루틴에서 없어서는 안 될 핵심 요소로 자리잡아야 한다. 우리 모두는 하던 일을 멈추고 재충전의 시간을 가져야 한다. 우리 뇌는 휴식 없이는 높은 수준의 기능을 지속할 수 없기 때문이다. 이번 장을 1장과 함께 묶어서 검토해보라. 다시 한번 강조하지만 몸과 마음을 연결시켜 함께 살피는 일을 간과하지 않고 몸과 마음의 관계를 돈독하게 만들어야 한다.

● 긴장을 푸는 문제에 대해서는 선입관에 반하는 방법들도 몇 가지 있다. 죽은 듯 소파에 푹 파묻힌 채 쉬고 싶어 하는 사람들도 있는데, 이 방법도 어느 정도 효과가 있다. 비디오 게임, TV, 독서는 모두 휴식과 이완을 취하는 데 좋은 도구가 될 수 있다. 이 활동들은 각각 서로 다른 상황에 동원되는데, 비디오 게임은 우리가 빠르게 반응하고 문제를 해결해야 하는 상황에 적응하게

만들고, 독서와 TV 시청은 다른 사람들의 세계를 들여다볼 수 있게 돕는다. 사실 도구는 그다지 중요하지 않다. 유익한 정신적 자극을 받고 기분 좋은 상태가 되는 것이 핵심이다.

● 명상과 마음챙김은 사람들이 긴장을 푸는 방법으로 가장 쉽게 떠올리는 활동이다. 과거를 반추하고 미래를 걱정하는 일을 멈춰라. 현재에 집중하려고 너무 애쓰지도 말라. 마음을 비우고, 한 가지만 생각해보라. 예를 들면 지금 내가 하는 호흡에만 집중하는 것이다. 세상에 이보다 더 쉬운 일이 있을까 싶지만, 막상 해보면 어려울 것이다. 그냥 보기에는 사소한 목표처럼 보이는 이런 활동은 뇌 신경에 엄청난 변화를 가져와 스트레스와 불안감에 대처하는 힘을 길러주고, 더 나은 회복탄력성을 갖출 수 있도록 뇌의 회로 자체를 바꿔준다.

6장
스트레스:
훼손된 회복탄력성

● 만성적인 스트레스를 겪는 상황이라면, 회복탄력성이 좋은 건 강한 두뇌를 유지하는 일은 꽤 어렵다. 계속되는 저강도의 스트레스는 정신 질환 발병과 상관관계가 있으며, 장기적으로는 두뇌 구조를 손상시킨다. 스트레스는 새로 만들어진 뇌세포를 죽이고, 심지어 뇌 크기를 축소할 뿐 아니라 기억력에도 악영향을 끼친다.

● 스트레스를 줄이는 방법 중 하나는 호흡 조절을 통해 각성도를 제어하는 법을 배우는 것이다. 깊은 복식 호흡은 중추 신경계의 각성도를 낮추고, 스트레스 정도를 제어해서 뇌를 보호한다.

● 잠시 천천히, 깊게 호흡해보거나 활력을 불어넣어주는 사자의 호흡을 해보라. 또는 마음의 안정과 균형을 찾아주는 꿀벌 호흡, 머리를 맑게 해주는 박스 호흡을 실천하는 방법도 있다.

- 몸이 보이는 스트레스 반응을 관리하는 또 다른 중요한 방법은 자신의 생각과 감정에 주의를 기울이고, 스트레스를 만들어내는 왜곡된 사고에 문제를 제기해서 이를 재구성하는 것이다.

- 효과가 증명된 방법 중 하나는 감정에 이름 붙이기, 그러니까 자신이 느끼는 감정을 언어로 표현하는 것이다. 이 방법은 심리적 거리감을 확보해서 다른 데로 신경을 분산해 상황을 재평가할 수 있도록 하며, 심지어 그 상황에 대한 반응으로 취하는 행동에 변화를 가져올 수도 있다. 그 무엇도 판단하지 말고 자신의 감정을 관찰하라.

- 특정 사고를 재구성하고 인간의 자연스러운 부정 편향을 바로잡으려 노력하라. 우리 뇌는 신경가소성을 가지고 있으므로 신경 자극을 다른 방식으로 해석하도록 훈련할 수 있다. 제일 먼저 부정적인 생각에 주의를 기울이고, 그 생각을 자신의 가치관, 목표, 객관적 증거와 비교해보라. 필요하다면 더 건강한 생각으로 대체하라.

7장
신경가소성:
반복할수록 강화된다

● 두뇌 훈련 프로그램들이 효험이 없다는 사실은 여러 차례에 걸쳐 증명됐다. 엄격히 말해서 우리가 더 영리해지도록 '뇌를 훈련'할 수는 없기 때문이다. 그러나 색다른 방법을 써서 간접적으로 뇌를 자극하고 신경세포 자체와 세포 간 연결을 강화해서 '뇌 회로를 바꾸는 것'은 가능하다. 유동성 지능은 향상될 수 있지만 결정성 지능은 향상될 수 없다. 이 말은 뇌 기능을 증진하고 싶으면 뇌 자체가 아니라 뇌를 자극하고, 다양한 상황에 적응할 수 있도록 여러 방법에 집중해야 한다는 뜻이다.

● 진정한 두뇌 훈련은 색다른 활동, 정신적으로 약간 어렵게 느껴지는 활동에 도전할 때 시작된다. 신경세포 성장은 바로 그때 일어난다. 헬스장에서 운동을 할 때와 마찬가지다. 통증이 없는 운동은 몸을 만드는 데 별 도움이 되지 않는다. 이 방법이야말로 신경가소성을 이용해 정신 능력을 향상해주는 진정한 토대가

된다. 간단히 말해, 더 많은 것에 노출되고, 더 많은 경험을 할수록 뇌 신경세포 간 연결이 더 늘어난다. 루틴에 변화를 주고 편안하게 느끼는 범위에서 벗어나 낯선 경험을 해보라.

● 신경세포 연결을 촉진하는 일에 관해 이야기해보자면, 새로운 악기나 새로운 언어를 배우는 일은 잠자고 있던 뇌 영역을 활성화한다. 이런 기술은 뇌에 새로운 형태의 적응력을 갖추게 하고 삶의 다른 면에도 적응할 수 있는 패턴과 정보 처리 방법을 학습시킨다. 음악 훈련과 외국어 학습은 다수의 새로운 정보뿐 아니라 심지어 근육 기억까지 아우르는 활동으로 두뇌 전체를 자극한다. 가장 큰 장점은 이런 형태의 신경세포 성장은 다른 분야나 활동에도 전이가 가능하다는 점이다.

● 눈으로 읽기 혹은 소리 내어 말하는 단순한 행동에는 제작 효과가 있다. 이 효과 덕분에 사고, 인지, 기억력, 이해력이 증진되는 것으로 증명됐다. 정보 재생산에는 상당한 양의 적극적 참여가 필요하다. 이번 장에서 계속 논의한 바와 같이 더 다양한 방법으로 정보를 처리하고, 참여하고, 뇌의 한계에 도전하면 더 많은 혜택을 거둘 수 있을 것이다.

8장
미주 신경:
게임 체인저

● 미주 신경은 몸과 마음은 떼려야 뗄 수 없다는 진리를 증명해주는 증거다. 왜? 미주 신경이 하는 일이 바로 그것이기 때문이다! 미주 신경은 몸 전체를 관통하는 뇌 신경으로, 적절한 요령으로 잘 제어하면 이 신경을 활용해서 뇌에서 벌어지는 일들을 바꿀 수 있다. 미주 신경은 몸이 하는 경험을 뇌가 따라갈 때도 있다는 사실을 보여주는데, 이런 측면을 이용하면 뇌 건강을 향상하는 것이 가능하다.

● 미주 신경은 흔히 말하는 이완 상태 혹은 휴식/소화 반응과 밀접해 있다. 휴식/소화 반응은 투쟁/도주 반응과 정반대 현상으로, 상반된 두 반응을 수반하는 모든 신경전달물질과 호르몬도 정반대로 기능한다. 미주 신경 탄력성이 떨어지면 스트레스에 취약해지고, 미주 신경 탄력성이 좋아지면 스트레스를 더 빨리 해소하고 자기제어력이 강화되는 것이다.

● 미주 신경 탄력성을 강화하는 가장 대표적인 방법은 미주 신경의 주요 조절 기제가 호흡이라는 사실을 활용해서 깊은 횡경막 호흡을 하는 것이다. 더 깊고 더 느리게 호흡할수록 휴식/소화 반응이 더 빨리 일어나 긴장을 늦출 수 있게 된다. 사실, '흐음' 소리를 낸다든가 주문을 외운다든가 기도를 하는 것 또한 비슷한 효과를 내는데, 미주 신경이 성대와 후두에 연결돼 있기 때문이다. 찬물을 끼얹는 것(얼굴부터 시작해보자)도 시도해볼 수 있는데, 이렇게 하면 잠깐 동안은 투쟁/도주 반응을 불러일으키지만 바로 휴식/소화 반응이 뒤따를 것이다.

● 미주 신경에 대해 알면 알수록 미주 신경이 우리 몸에 나타나는 반응을 제어해서 두뇌를 최적화할 수 있다는 사실이 명확해진다. 미주 신경은 뇌와 몸 사이의 떼려야 뗄 수 없는 관계를 보여주는 증거기도 하다. 미주 신경을 보면 알 수 있듯, 두뇌 역량을 강화하려면 뇌를 둘러싸고 지지하는 모든 것에 주의를 기울여야 할 것이다.